0—3岁婴幼儿早期教育百问百答

尹丽君 主编

图书在版编目(CIP)数据

0—3岁婴幼儿早期教育百问百答/尹丽君主编. —北京：北京大学出版社,2013.1
 ISBN 978-7-301-21884-6

Ⅰ.①0… Ⅱ.①尹… Ⅲ.①婴幼儿－早期教育－问题解答 Ⅳ.①G61-44

中国版本图书馆 CIP 数据核字(2012)第 316717 号

书　　　名：0—3岁婴幼儿早期教育百问百答
著作责任者：尹丽君　主编
责 任 编 辑：吴坤娟
标 准 书 号：ISBN 978-7-301-21884-6/G·3569
出 版 发 行：北京大学出版社
地　　　址：北京市海淀区成府路205号　100871
网　　　址：http://www.pup.cn　新浪官方微博:@北京大学出版社
电 子 信 箱：zpup@pup.pku.edu.cn
电　　　话：邮购部 62752015　发行部 62750672　编辑部 62756923
　　　　　　出版部 62754962
印 　刷 　者：三河市博文印刷厂
经 　销 　者：新华书店
　　　　　　650 毫米×980 毫米　16 开本　14.25 印张　179 千字
　　　　　　2013 年 1 月第 1 版　2013 年 7 月第 3 次印刷
定　　　价：29.00 元

未经许可,不得以任何方式复制或抄袭本书之部分或全部内容。
版权所有,侵权必究
举报电话：(010)62752024　电子信箱：fd@pup.pku.edu.cn

编委会

主　编： 尹丽君

副主编： 杨宝玲　晏　红　周轶群

编　委： 巨光玲　王燕华　苏　晖　杨瑞清　方小玲
　　　　　张　洁　刘晓玲　杨金玲　李玉洁　刘　萍
　　　　　赵红梅　李　迎　赵新爱　刘海燕　刘淑环
　　　　　赵　洁　马红云

目 录

0—1岁

1. 是不是不能抱宝宝太多? ... 2
2. 怎样养育早产的双胞胎宝宝? ... 3
3. 是宝宝发育迟缓吗? ... 4
4. 给宝宝用纸尿裤还是尿布更好? ... 5
5. 怎样让宝宝学会吃饼干? ... 6
6. 有什么方法可以训练宝宝学爬? ... 7
7. 宝宝不愿意爬怎么办? ... 8
8. 宝宝不敢大便怎么办? ... 9
9. 宝宝多大开始独自睡比较合适? ... 10
10. 怎样训练宝宝独自睡觉? ... 11
11. 怎样让宝宝尽快入睡? ... 12
12. 宝宝困了还不愿意睡怎么办? ... 13
13. 宝宝睡前总是吸吮手指怎么办? ... 14
14. 宝宝起床后不穿衣服怎么办? ... 15
15. 怎样对付宝宝乱发脾气? ... 16
16. 怎样安抚宝宝的情绪? ... 17
17. 宝宝为什么那么闹人? ... 18
18. 怎样才不会太娇惯宝宝? ... 19
19. 宝宝为什么特别爱哭? ... 20
20. 宝宝害怕陌生人怎么办? ... 21
21. 宝宝对玩具不感兴趣怎么办? ... 22
22. 宝宝喝洗澡水怎么办? ... 23
23. 为什么宝宝总爱抠别人的眼睛? ... 24

24.宝宝爱向别人要东西怎么办? …………………………… 25
25.宝宝喜欢撕纸怎么办? …………………………………… 26
26.宝宝经常把家翻得乱七八糟怎么办? …………………… 27
27.宝宝怎么才8个月就爱打人? …………………………… 28
28.宝宝爱敲敲打打,有问题吗? …………………………… 29
29.宝宝在亲子班不跟着学怎么办? ………………………… 30
30.宝宝不配合早教怎么办? ………………………………… 31
31.怎样判断宝宝聪明不聪明? ……………………………… 32
32.怎样开发小宝宝的智力? ………………………………… 33
33.应该给新生宝宝买什么玩具? …………………………… 34
34.刚出生的宝宝可以读什么书? …………………………… 35
35.可以给3个月的宝宝讲故事书吗? ……………………… 36
36.怎么与刚出生的小宝宝玩游戏? ………………………… 37
37.怎样培养宝宝的音乐细胞? ……………………………… 38
38.小宝宝能看电视吗? ……………………………………… 39
39.能不能跟小宝宝说儿语? ………………………………… 40
40.怎样教宝宝用手势打招呼? ……………………………… 41
41.怎么读懂宝宝的心理? …………………………………… 42
42.怎样克服保姆不会说普通话的难题? …………………… 43
43.怎样弥补父亲较少参与早教的遗憾? …………………… 44
44.老人会对宝宝有什么不好的影响? ……………………… 45
45.单亲对8个月的宝宝有什么影响? ……………………… 46
46.每天很累,怎么教育宝宝? ……………………………… 47
47.什么样的早教书籍最权威、最全面? …………………… 48

1—2岁

48.宝宝经常尿裤子怎么办? ………………………………… 50
49.如何给宝宝断奶? ………………………………………… 51
50.宝宝不好好吃饭怎么办? ………………………………… 52
51.宝宝吃饭时间长怎么办? ………………………………… 54

52.孩子挑食怎么办? ……………………………………… 55
53.宝宝食欲不好怎么办? ………………………………… 56
54.宝宝不爱吃水果、蔬菜怎么办? ……………………… 57
55.宝宝饭前非要吃零食怎么办? ………………………… 58
56.如何培养宝宝用勺子吃饭? …………………………… 59
57.宝宝有事没事都吃手怎么办? ………………………… 60
58.如何训练宝宝走路? …………………………………… 61
59.宝宝四肢不协调怎么办? ……………………………… 62
60.如何提高宝宝的运动水平? …………………………… 64
61.宝宝为什么总是闻着小被子才睡觉? ………………… 65
62.怎样对付暴脾气宝宝? ………………………………… 66
63.宝宝为什么不如意就坐地上? ………………………… 67
64.如何控制宝宝过于兴奋的情绪? ……………………… 68
65.怎样调教坏脾气的宝宝? ……………………………… 69
66.宝宝不顺心就发脾气怎么办? ………………………… 70
67.怎样"降伏"淘气的宝宝? …………………………… 71
68.宝宝太调皮怎么办? …………………………………… 72
69.怎样把儿子培养得具有男孩儿特质? ………………… 73
70.怎样引导多愁善感的娇气宝宝? ……………………… 74
71.怎样对付逆反的宝宝? ………………………………… 75
72.宝宝与家长对着干怎么办? …………………………… 76
73.宝宝总与家长唱反调怎么办? ………………………… 77
74.宝宝见东西就要求买怎么办? ………………………… 78
75.宝宝动不动就哭怎么办? ……………………………… 79
76.怎么才能让宝宝多说不哭? …………………………… 80
77.怎样让宝宝爱笑? ……………………………………… 81
78.男孩子胆小怎么办? …………………………………… 82
79.宝宝在外面特别怕生怎么办? ………………………… 83
80.宝宝为什么只怕个别人? ……………………………… 84
81.宝宝怎么无缘无故就打人? …………………………… 85

82.宝宝乱扔东西怎么办? ... 86
83.宝宝喜欢让我和他一起扔东西怎么办? ... 87
84.宝宝占有欲望太强怎么办? ... 88
85.怎样帮助不愿合作的宝宝? ... 89
86.宝宝不愿意与人分享怎么办? ... 90
87.怎样帮助拒绝交往的宝宝? ... 91
88.宝宝受欺负了怎么办? ... 93
89.怎样帮助宝宝不事事依赖成人? ... 94
90.宝宝不尊重长辈怎么办? ... 95
91.怎样提高宝宝的交往能力? ... 96
92.宝宝说话晚怎么办? ... 97
93.宝宝不跟大人学说话怎么办? ... 98
94.宝宝不会说话怎么办? ... 100
95.如何教宝宝学英语? ... 101
96.宝宝不爱说话怎么办? ... 102
97.宝宝总是用手指却不说话怎么办? ... 103
98.宝宝对学说话抵触怎么办? ... 104
99.怎样矫正宝宝发音不准? ... 105
100.宝宝学会了骂人怎么办? ... 106
101.如何帮助宝宝选择图书? ... 107
102.宝宝看电视有助于阅读吗? ... 108
103.怎样帮助宝宝专注的时间再长一点? ... 109
104.怎样提高宝宝的注意力? ... 110
105.怎样让宝宝具有坚持性? ... 111
106.怎样满足宝宝的求知欲? ... 112
107.怎样让宝宝明白数量? ... 113
108.如何指导宝宝保护自己? ... 114
109.宝宝会不会是"左撇子"? ... 115
110.宝宝会不会是色盲? ... 116
111.宝宝对妈妈上厕所好奇怎么办? ... 117

112.怎样帮助奶奶减轻带宝宝的劳累？ ... 118
113.上亲子班前要做什么准备？ ... 119

2—3岁

114.怎样让宝宝好好吃饭？ ... 122
115.宝宝不爱吃青菜怎么办？ ... 123
116.宝宝吃饭犯懒怎么办？ ... 124
117.宝宝边吃边玩怎么办？ ... 126
118.怎样控制宝宝的食欲？ ... 127
119.宝宝爱吃糖怎么办？ ... 128
120.宝宝总尿床怎么办？ ... 129
121.宝宝不用尿不湿，能睡个安稳觉吗？ ... 131
122.宝宝入睡难怎么办呢？ ... 132
123.宝宝睡觉不安稳怎么办？ ... 134
124.宝宝睡觉总是做噩梦怎么办？ ... 135
125.宝宝看动画片影响睡觉怎么办？ ... 136
126.怎么培养宝宝独立睡觉？ ... 137
127.怎样让宝宝愿意洗澡？ ... 138
128.宝宝与幼儿园的作息时间不一致怎么办？ ... 139
129.怎样让宝宝喜欢运动？ ... 140
130.怎样让宝宝喜欢纵情跑跳？ ... 141
131.宝宝不主动说话怎么办？ ... 142
132.宝宝喜欢大叫却不说话怎么办？ ... 143
133.怎样培养宝宝善于表达的能力 ... 144
134.宝宝爱插话怎么办？ ... 145
135.宝宝总说反话怎么办？ ... 146
136.宝宝稍不顺心就哭怎么办？ ... 147
137.宝宝爱哭怎么办？ ... 148
138.宝宝比较娇气怎么办？ ... 149
139.如何培养宝宝的耐性？ ... 150

140. 如何让宝宝听话不再任性？ …… 151
141. 宝宝太情绪化怎么办？ …… 153
142. 怎样应对宝宝无理取闹？ …… 154
143. 宝宝蛮不讲理怎么办？ …… 155
144. 宝宝情绪反复无常怎么办？ …… 156
145. 怎样面对宝宝"撒野"的时候？ …… 158
146. 宝宝一不如意就骂人怎么办？ …… 159
147. 如何培养一个自信宝宝？ …… 160
148. 宝宝太喜欢安静怎么办？ …… 161
149. 宝宝为什么突然变腼腆了？ …… 162
150. 怎样道别不让宝宝生气？ …… 163
151. 宝宝爱唱反调怎么办？ …… 164
152. 宝宝争强好胜怎么办？ …… 165
153. 宝宝自尊心太强怎么办？ …… 166
154. 宝宝在家霸道在外蔫怎么办？ …… 168
155. 宝宝爱管闲事怎么办？ …… 169
156. 宝宝特别小气怎么办？ …… 170
157. 怎样培养宝宝友好相处的能力？ …… 171
158. 宝宝爱打人怎么办？ …… 172
159. 宝宝总是欺负人怎么办？ …… 173
160. 宝宝玩的时候不理人怎么办？ …… 174
161. 宝宝不喜欢和别人玩怎么办？ …… 175
162. 怎样让宝宝参与集体活动？ …… 176
163. 怎样让宝宝在公共场所活泼大方？ …… 177
164. 宝宝出门总是让大人抱怎么办？ …… 178
165. 宝宝喜欢把别人的东西带回家怎么办？ …… 179
166. 宝宝"人来疯"怎么办？ …… 181
167. 宝宝认生怎么办？ …… 183
168. 让不让宝宝跟习惯不好的孩子一起玩？ …… 184
169. 怎样教育调皮的宝宝？ …… 185

170. 宝宝故意打岔怎么办? ……… 186
171. 两岁多的宝宝应该玩什么玩具? ……… 187
172. 宝宝不会收玩具怎么办? ……… 188
173. 宝宝不敢玩积木怎么办? ……… 189
174. 宝宝注意力不集中怎么办? ……… 190
175. 宝宝吃手怎么办? ……… 191
176. 宝宝不愿意自己动手怎么办? ……… 192
177. 怎样避免娇惯宝宝? ……… 194
178. 怎样解决宝宝自私的问题? ……… 195
179. 宝宝总是坐不住怎么办? ……… 196
180. 宝宝不愿意进亲子班怎么办? ……… 198
181. 宝宝上亲子课时不敢活动怎么办? ……… 200
182. 宝宝上亲子班不跟着学习怎么办? ……… 201
183. 宝宝为什么从幼儿园回家后不高兴? ……… 202
184. 如何引导宝宝正确对待失败? ……… 203
185. 物质奖励的方法对宝宝是否适用? ……… 204
186. 宝宝太恋物怎么办? ……… 205
187. 宝宝会不会有恋物情结? ……… 206
188. 儿子迷上奥特曼怎么办? ……… 207
189. 宝宝开始骗人了怎么办? ……… 208
190. 宝宝喜欢到处乱画怎么办? ……… 209
191. 怎样预防宝宝的危险活动? ……… 210
192. 宝宝模仿老师的样子怎么办? ……… 211
193. 如何指导宝宝学习? ……… 212
194. 怎样对智商80的宝宝进行教育? ……… 213
195. 怎样为宝宝上幼儿园做准备? ……… 214

0-1岁

是不是不能抱宝宝太多？

宝宝刚出生，我忍不住总想抱抱他，可是宝宝的奶奶说，这么小的孩子不要抱，躺在床上最好了，一方面孩子骨骼软，躺着使他长大以后体形好；另一方面，抱习惯了他就不愿意躺着玩了，总想让大人抱，是这样吗？

宝宝总是躺在床上，虽然大人省事了，但是抱着的宝宝视野更开阔，接受周围环境的刺激也更多，还能增加父母与宝宝之间的情感交流，所以抱抱宝宝有利于他的大脑和心理发育。问题的关键在于，新生儿的特点是头重、骨骼软、肌肉力量较弱，1个月时只能抬头片刻，3个月时头才能初步直立。所以，1—3个月的宝宝不能较长时间地竖着抱，抱的姿势要注意安全、舒适。新家长尤其是新爸爸第一次抱宝宝常常不知怎么操作才合适，有的就用双手托着宝宝，这样大人累，宝宝也不舒服；有的不知道护住宝宝的头、腰、背部，这样很不安全。

对1—2个月的宝宝主要采用平抱和斜抱，即让宝宝平躺或斜躺在成人的怀里，注意大人要用一只前臂托住宝宝的头部，另一只手臂托住宝宝的臀部和腰部。易吐奶的宝宝宜采取斜抱，以防止和减轻吐奶的程度。3个月的婴儿主要采用斜抱或竖抱。斜抱的倾斜角度可稍微大些，竖抱时可以让宝宝面向成人也可以背对成人，即让宝宝坐在成人的一只前臂上，另一只手护着宝宝的背部或胸部。宝宝在7—8个月时不用成人扶就能坐直，成人竖抱即可。

2　怎样养育早产的双胞胎宝宝？

虽然我生的是一对双胞胎,但是我的心情很沉重。因为这两个女儿是早产儿,7个月出生的时候总共才6斤,身材非常细小,营养状况自然不好,孩子的健康有保证就不错了,我还有必要对她们进行早期教育吗?

越是早产儿,越是营养不良,就越需要早期教育。这是因为早期教育与后来阶段的教育相比有一个特殊功能,它直接优化大脑的组织结构,使大脑发生质的变化,而不像一般人所理解的教育仅仅是让孩子学习知识和技能,这对增强孩子的聪明程度来说只是量的变化。脑科学研究发现,3岁以前人的大脑发育最快,这个时期给予大脑适宜的外界刺激和教育,大脑神经细胞之间的联系就会加强,这直接决定和改变人的聪明程度。

首先加强宝宝的喂养和生活照顾,确保婴儿健康成长所需要的营养,同时加强学习,了解古今中外类似的早期教育成功案例,最著名的就是9岁上大学的德国神童卡尔·威特了。他出生时四肢抽搐、呼吸急促,先天不足,老卡尔·威特52岁喜得贵子,他不甘放弃,从孩子出生第一天起就实施科学的早期教育,结果孩子的健康与聪明一同增长,成为教育史上的奇迹。现实生活中后天早期教育改变先天不足的例子很多,建议家长到比较好的医院和正规的教育机构了解一下,请保健大夫与早教专家一起设计一个科学的早教方案,满怀信心、耐心和爱心地开发宝宝的潜能,抓住早期教育的黄金时期!

3 是宝宝发育迟缓吗？

别的宝宝6个多月就已经会爬，已经会认爸爸、妈妈，知道灯在哪里，玩具在哪里，可我的宝宝已经7个月了还不会爬，问他妈妈呢，根本不会转头寻找。他会坐、会翻身，但翻身以后却不会翻回来。我不知道问题出在哪里，是我的宝宝发育迟缓，还是家长的教育不够？我很着急，不知该怎么办？希望帮我出出主意。

同一月龄宝宝在某一动作或技能上的发展出现差异是正常的，这是因为宝宝的成长速度与先天遗传素质以及后天教养方式密切相关。从教养方式来说，如果宝宝出生的时候气候比较寒冷，被包裹的时间比较长，那么他的肢体动作发育就相对迟缓一些；有些看护者养育孩子比较保守，给孩子运动的机会比较少，也会影响宝宝的动作发展。在语言发展方面，宝宝要在1岁以内经过4个发展历程：出生至4个月左右是先天反射性的发声阶段，大约5至9个月是咿呀学语时期，10个月的宝宝开始理解语言，直到1岁开始学说话。

宝宝是否顺利通过每个历程，与家长的语言启蒙教育密切相关。家长要创造丰富多彩的有声世界，让他接受适宜的语言刺激。家长要常常跟宝宝说话，语速缓慢，声音柔和，表情喜悦；同时不要忽略了玩具和自然生活中的声音对宝宝的刺激，宝宝翻身或者爬的时候，从某一方向制造出声音，鼓励宝宝寻找声源；生活中出现了说话声、炒菜声、流水声，都问宝宝："你听，这是什么声音？""这是哪儿的声音？"吸引宝宝对声音的关注。这些都有利于宝宝对语言的理解和学习。

4 给宝宝用纸尿裤还是尿布更好？

现在市场上有宝宝使用的各种品牌的纸尿裤，家里的老人却说用尿布好，到底给宝宝用纸尿裤还是尿布更好？

纸尿裤是为解决大人对宝宝的生活料理负担而诞生的，家长省去了洗晒尿布、半夜三更换尿布的劳累，家庭环境也显得整洁有序一些，加之质量较好的纸尿裤对宝宝的皮肤刺激较小，所以很多家长都乐意选择纸尿裤。但是老人还是坚信用做尿布的棉布质地是不可代替的，同时，也有可能心疼纸尿裤比较贵，所以赞成用尿布。以上状况反映了老年人和年轻人在传统与现代养育方式上的差异，都有其合情合理之处，但是具体到不同方式对宝宝的影响差异上，家长还是要妥善把握好两者的关系。

观察发现，长期使用纸尿裤的宝宝在独立的排便意识和排便能力方面比较弱。不少宝宝刚上幼儿园面临的第一个生活问题恰恰就是这一点。因为长期养成随意小便的习惯，所以宝宝主动叫大人帮助他到厕所排便的意识没有形成，如果去掉纸尿裤，他经常会排在裤子里。而经常换尿布的宝宝，容易建立起自我与他人及外在环境之间的关系，把自己排便与大人换尿布和换尿布之后的干爽感觉结合起来，渐渐地他学会了主动让大人帮忙，主动意识和自我意识随之增强，频繁换尿布的过程也增强了宝宝对亲子感情的体验和理解。当然，养育宝宝的成长过程需要综合考虑家长的需要和宝宝的需要，所以，建议晚上睡觉和带宝宝出门的时候，暂时使用纸尿裤，平时不妨使用尿布。

5 怎样让宝宝学会吃饼干？

宝宝7个月了，不会拿饼干等往嘴里放，到嘴边就松手了。我该怎样训练宝宝，才能让他的小手灵活起来？

拿饼干等往嘴里放，实际上是宝宝手、眼、嘴等各个身体器官协调发展的成果。在正常情况下，7个月的宝宝对自己的"手"和"嘴"有特殊的感情，他们喜欢什么都用手去玩耍，能用双手握取物品或者将手中的物品对敲，还特别喜欢将物品或玩具往嘴里送，吸吮手指头或者啃脚指头都是他们的钟爱游戏。宝宝这些自发的身体游戏都是在练习手的抓握能力，以及"手"与"嘴"协调合作的能力。

只要家长经常使宝宝的手、脚以及玩具物品保持清洁卫生，宝宝以上自娱自乐的行为都是有利于他的身心发展的，不要强行干预他。另外，平时别让宝宝的手闲着，给他各种形状和质地的玩具或物品放在手里，随他抓、握、敲、拍、捏，锻炼他的小肌肉的灵活性。最后提醒你一点，宝宝对味道具有选择性，当他的小鼻子嗅出自己不喜欢的味道了，他就自然松手，省得舌头受委屈；还有的宝宝的嗅觉一时放松了警惕，东西溜进嘴里，他还会努力把它吐出来，彻底解放自己的口腔。

6 有什么方法可以训练宝宝学爬?

宝宝8个月了还不会爬,只要让他趴在床上,他就啊啊地喊叫求助,不肯向前爬。请问有什么方法可以训练宝宝学爬呢?

宝宝的运动能力是在先天无条件反射的基础上渐渐发展起来的,受生物预置程序和后天环境作用两方面的影响。生物预置程序决定了宝宝动作发展所遵循的共同顺序和大致的时间表。其顺序是沿着抬头—翻身—坐—爬—站—行走的方向发展,在时间上流行着"三翻六坐八爬"的说法。生物预置程序的制约作用说明宝宝的生理成熟没有达到一定的程度,再多的训练和练习也是无效果的。当然,这种时间顺序表由于生活地区、文化和教养方式的差异而会略有不同,具体到每一个宝宝,个体差异就更明显了。西方一些气候温暖的国家,教养方式比较开放,婴儿6个月就开始爬行,我国的婴儿大约到8个月开始爬行,城市单元居住格局使得婴儿爬行普遍拖后到9个月。具体到每一个家庭,宝宝的先天出生情况不同,后天营养及其吸收情况不同,教养方式保守还是开放,都可能使宝宝的爬行时间有差异。因此,宝宝的爬行时间有一两个月的出入是正常的。

家长在心态平稳的情况下,可以给宝宝一些刺激,促进他运动能力的发展。在室内外能爬行的地方,拿一个吸引他的玩具,首先,放在他坐着就能拿到的地方;其次,再把距离拉远,放到他爬行一点点就能拿着的地方;最后,根据情况一点点地加长距离,锻炼他爬行。如果只是把宝宝放在床上或地面上,干巴巴地让他爬,他会因体力不支而恐惧,这时家长应该把他抱起来坐着,先给宝宝一个安全感,这比锻炼爬行还重要。

7 宝宝不愿意爬怎么办?

我的宝宝10个半月了,现在已经可以扶着物体走路而且乐此不疲,怎么也不愿意爬,一让他爬他就哭,或者趴在那里不动。书上说宝宝多爬好处很多,如果宝宝爬得不够,容易得感觉统合失调症。我们很着急,应该怎样训练?是否爬行真的那么重要,是否可以越过爬行这一阶段?

爬行非常重要,不可以越过爬行这一阶段,否则将对宝宝造成消极影响。爬行的自然结果会导致宝宝学会行走,但是爬行的意义不仅如此。爬行不但锻炼胸腰腹背与四肢的肌肉,促进骨骼生长;还刺激大脑发育,加强大脑与眼、手或脚的协调发展能力。对比观察发现,与爬得晚或爬得少的宝宝相比,会爬的宝宝动作更加灵敏、协调、有活力。

并不是所有的宝宝都对爬行兴趣盎然,例如比较胖或者穿衣比较厚重的宝宝不喜欢爬行,那么家长就要想一些办法培养宝宝的兴趣。首先给宝宝穿轻便的衣服,当他俯卧、侧卧或者坐着的时候,在他旁边放上有响声或者会活动的玩具,引起他的注意,激发他们转动身体爬过去,当他稍稍爬行时,可把玩具略微向前移动,每天练习直到他学会爬行为止。如果宝宝经过努力仍然爬不到玩具跟前,家长可把自己的手掌放到宝宝脚后,使他能蹬着向前爬行。如果宝宝成功爬行,家长要给予鼓励。

宝宝不敢大便怎么办?

我女儿1岁了,以前大便一直正常,自从上次在厕所大便时被下水管道中水的声音吓了一下之后,就害怕大便,每次都急得团团转,最后实在不行就只好让她拉在裤子里,不知有什么办法处理?

1岁左右的宝宝有特定的害怕对象,例如马桶、浴盆和浴缸的排水声音、高分贝的噪音、与父母的分离、陌生人的出现等,一般情况下害怕情绪持续三个月左右就会消退,这期间需要家长采取一些比较体贴的处理方式,帮助宝宝度过情绪难关。

如果任由宝宝害怕大便,最后总是便溺在裤子上,不但不卫生,宝宝不舒服,还会影响宝宝的身心健康发育,所以家长还是要耐心地跟宝宝讲道理,渐渐消除她的害怕心理,要告诉宝宝"水流只是把大小便冲走了,宝宝还是安全的,宝宝不怕。"同时,不宜过早训练宝宝独自使用马桶,因为宝宝的小腿肌肉发育和心理都还不够强大,应该两岁左右再逐步训练。现在宝宝在厕所大便的时候,你可以给她提供便盆,并陪伴在她身边,与她聊一些轻松愉快的事情,然后再把便盆里的排泄物倒进马桶里冲走,让宝宝看到这一过程,使她放心这是一个很平常、很安全的事情。

9 宝宝多大开始独自睡比较合适？

儿子11个月了。以前因为家里房子小，他一直跟我们睡。最近我们终于搬进了一座大房子，宝宝也有了他自己的小房间。这么小的宝宝我可以让他独自睡一个屋吗？宝宝多大开始独自睡比较合适？

宝宝能否与大人睡一个屋，宝宝多大开始独自睡比较合适，并没有一个绝对的答案，这与宝宝出生的季节、地方的气候特点及养育传统等因素关系密切。如果宝宝出生在气候寒冷的冬季，家庭供暖设备又缺乏，那么大人与宝宝睡在一个屋甚至一个被窝比较好。在现代化比较发达的欧美国家，其传统习惯就是宝宝独自睡一个屋比较多，一方面可能是从培养宝宝的独立性考虑，另一方面是他们的家庭伦理观念与我国不同。我们认为亲子关系是家庭的核心，而他们认为夫妻关系是家庭的核心，因此，在人口密度相对稀少的西方国家，宝宝从小就独立睡觉。

由于国情因素，锻炼宝宝独立睡觉是很多家长面临的一个教育难题。家长可以循序渐进地拉大与宝宝睡觉的空间，比如，起先可以是宝宝在爸爸妈妈中间睡；之后，可以把他放在爸爸的一边或者妈妈的一边，当然床的旁边一定要有栏杆或用其他保护措施保护宝宝，以免他翻身掉下床；等宝宝适应了，就把他放在与爸爸妈妈一个屋的小床上自己睡；过一段时间，家长再鼓励他在自己的房间睡，这不就大功告成了吗？这中间的跨度比较小，在家长耐心地等待宝宝适应的同时，又不失时机地拔高要求，如此，宝宝的适应能力会渐渐增强的。

10 怎样训练宝宝独自睡觉？

女儿快1岁了，我们新近买了大房子，自然也有女儿的小房间了。我们觉得到了该让女儿独睡的时候了。我训练了她一星期，一开始，她还毫无抵抗地独睡。然而好景不长，1个月过去了，女儿突然对独睡失去了兴趣，每次睡前必大哭1到5分钟不等，搞得我都快要放弃了。我以为这种情况时间长了就会好，可没想到3个月过去了，她还是每次睡觉前都要哭闹一番，一点好转的迹象都没有。我是不是应该放弃让宝贝独睡，等待她准备好再进行独睡训练？

培养宝宝独立睡觉的能力和习惯是正确的，这一点不必动摇，虽然左一个妈妈、右一个爸爸、孩子睡在中间，给人以幸福温馨的三口之家印象，但是这样睡对孩子的健康有害。孩子睡在中间，成人呼出的"废气"双管齐下，给孩子造成一个缺氧、高二氧化碳的"污染"环境，孩子的睡眠质量反而不高。

当宝宝突然对独睡失去了兴趣，妈妈要仔细分析原因，继续培养她的良好睡眠习惯。首先，不知道您的女儿是否正在断奶或者准备断奶，断奶会影响她的独睡习惯。您要确保孩子在睡觉之前已经吃饱了，否则饥肠辘辘的她不愿意乖乖睡觉。当宝贝半夜睡醒的时候，您要辛苦一点做好安抚，轻轻地拍她入睡，而不要急着抱起来，或者抱到您的床上又搂着睡了，这样形成习惯她就不愿意独睡了。睡觉之前给宝宝洗一个热水澡也很管用，腾腾的热气具有催眠作用。另外，如果您的宝宝实在不愿意独睡，哭闹得厉害，您可以变通一点训练方式，买一张婴儿床放在您的房间里，你们同在一个屋又各睡各的床，不也很好吗？等孩子稍大一点，再睡她自己的房间也不晚。

怎样让宝宝尽快入睡？

宝宝4个月零6天了，体检发现体重和身高都不达标，特别是身高比标准少8厘米。我的宝宝一天只睡10个小时左右，医生说宝宝是因为睡眠不足使得身高不达标，我们一家听了很着急，想尽办法让他入睡，可越想让他睡他越不睡，怎么办呢？

4个月的宝宝应该一天睡18个小时左右才更有利于生长发育，但事实上宝宝的睡眠状况差异比较大，有的宝宝睡眠时间比较短，而且睡眠不深沉，容易醒；有的宝宝还养成必须由家长抱着或摇着才能入睡的习惯；有的宝宝只接受家长哄睡，拒绝其他人哄睡……总之，比较挑剔的睡眠习惯将会影响宝宝的睡觉时间和睡眠质量。

为了让宝宝顺利入睡，家长要培养宝宝良好的睡眠习惯。例如，睡觉前为宝宝播放固定的音乐，减少其他声音，把窗帘拉上，灯光变暗，把宝宝放在床上轻轻拍他入睡，也可以放在摇床里轻轻摇他入睡，这些都是为宝宝建立入睡的条件反射，形成稳定的入睡程序。家长还可以试试睡前为宝宝洗个热水澡，这有助于宝宝睡眠。另外，睡前应让宝宝吃饱，否则宝宝半夜醒来既想吃饭又想睡觉，他吃一口就睡了，一会儿又醒了，再吃一口，这样宝宝会因饥饿而睡不踏实。

12 宝宝困了还不愿意睡怎么办？

女儿11个月，生活一直很有规律，可近一个月要到半夜一两点才睡，其实她很困了，但硬撑着，有时在怀里睡着了一抱上床就醒，就要出去，害怕上床。我们该怎么办？

11个月的宝宝开始进一步懂得周围人与人之间的关系，不但能分清家里人和家外人，还能分清家外人中的熟人与生人，这就意味着宝宝的人际交往对象选择性变强了，她更喜欢与家里人和熟人玩耍。但是现在的家庭结构和生活节奏不但影响成人的生活，对宝宝也产生了很大的影响。以前她跟谁玩都行，到晚上玩累了就睡觉；可是她现在明白了跟父母玩更有创意和新鲜感，而父母只有在晚上才能回家跟自己玩，为了享受晚间亲子时光，于是宝宝累了、困了还坚持着，反正第二天有充足的时间补充体力，这样就形成了白天睡觉晚上玩的循环现象。

有研究发现，宝宝晚间睡觉会自行制造一种名为褪黑激素的荷尔蒙，它与预防癌症有关，这种激素分泌最多的时期在1至5岁之间，而睡眠太晚将减少制造这种激素的正常功能。因此建议家长能早点回家跟宝宝团聚，保证她能早点睡觉；如果家长加班回家晚了，不要见了宝宝亲热地玩了又玩，而是应该尽快安抚宝宝睡觉，维护宝宝正常的、健康的睡眠习惯。

13 宝宝睡前总是吮吸手指怎么办？

我白天不在家，但晚上一定带儿子睡。可是儿子睡觉前总是吮手指，请问这是因为宝宝缺乏爱抚吗？

三岁以下的宝宝吮吸手指属于正常现象，主要有两个因素导致：一个是生理因素，研究发现缺乏微量元素锌的幼儿易患皮肤行为综合症，喜欢吮吸手指或咬手指甲；还有处于饥饿状态的宝宝常常通过吮手指暂时自慰；另一个是心理因素，吮手指使宝宝获得安全感，暂时摆脱焦虑和紧张的心理。宝宝的主要看护者，包括父母、爷爷奶奶、外公外婆或者保姆、阿姨，由于种种原因与宝宝接触少，或者对宝宝的呼叫信号反应冷漠，甚至呵斥宝宝，这些缺乏爱、关怀和温暖的信息都能被宝宝识别出来，他们因此心理不安，怎么办呢？他们又不会说话？他们隐隐约约记得吮吸母乳或牛奶的时候，自己仿佛得到过看护者的关照与爱抚，于是绝大多数宝宝都自然而然地选择了吮手指，以表达渴望得到看护者关爱的心理需求。

矫正宝宝吮吸手指首先要敏锐地发现宝宝的需要，并及时地给予回应，这是从根本上解决问题；其次，用行为主义心理学原理进行矫正，大多数成功的做法都采用厌恶刺激法，即当宝宝吮吸手指的时候，在手指上涂抹辣、酸、苦等滋味的食品，别小看了宝宝"吸取教训"的能力，用不了几次，他就不吮手指了。

14 宝宝起床后不穿衣服怎么办？

女儿才刚1岁，每天早晨睡醒之后，脱掉睡衣就喜欢光溜溜地在床上玩，不让穿衣服，但是现在还是初春，实在有点儿冷，不知怎么对付这个小东西？

1岁左右的宝宝刚学会走路，钻、爬、走、跑、跳的能力比以前大大增强，所以她运动的愿望比较强烈，通过对比她体会到不穿或少穿衣服更方便行动，所以您的女儿的表现是普遍现象。但宝宝的抵抗力有限，这样在天凉的时候容易生病，因此家长要用有趣的方法帮助宝宝迅速穿好衣服。

穿上衣的时候，一只手往上穿袖子，一只手往下拉着宝宝的小手，说："这有一只小老鼠，在哪儿呢？咿呀，出来了！"穿裤子的时候，用同样的方式，变换一种说法："我来摸摸这条裤腿里有什么宝宝？噢，我知道了，是一只小兔子，伸出来看看是不是？呀，果然是一只小兔子。"扣扣子的过程是比较漫长的，宝宝可能等得不耐烦，家长还要编简单的故事或儿歌吸引她："一只小鸟（扣子）穿过山洞（扣眼），两只小鸟穿过山洞……所有小鸟穿过山洞，哇，全飞了！（家长张开双手，表示穿完了）"这样既减轻了宝宝消极等待的情绪，又给了宝宝相应的语言刺激，帮助她提高理解与表达能力。如果宝宝对这些说法不感兴趣了，就换换其他说法。有时让宝宝手上拿一个小玩具，或者看一小段电视，也能暂时让宝宝老实一会儿，家长趁机手脚麻利地给宝宝穿衣服。

15 怎样对付宝宝乱发脾气？

宝宝快1岁了，当宝宝为了某些不合理要求得不到满足而哭闹时，我是应该拒绝并用其他东西或事情来分散她的注意力呢，还是应该拒绝并立刻给她讲道理？

不要发愁，快1岁的宝宝因为要求得不到满足而哭闹的时候，正是锻炼他们延迟满足能力的好时机。延迟满足能力是指能够暂时忍耐一会儿，有信心地等待家长满足自己需求的能力，它是宝宝提高自制水平应该具有的基本能力。

不管是宝宝合理的要求还是不合理的要求，家长都要善于抓住这个有利时机培养他的延迟满足能力（涉及宝宝健康与安全的特殊情况除外）。因为宝宝并不知道自己的哪些要求合理、哪些要求不合理，如果家长总是即时满足宝宝的合理需求，宝宝以为自己的所有需求家长都应该即时满足，于是他的耐心就会很差。家长一时不能回应，宝宝便失去信心，以为家长不理睬自己的呼唤，于是只好用哭闹这个法宝了。那么，怎样延迟满足呢？当听见宝宝的呼唤时，先用声音回应他："知道了，宝宝，妈妈马上就来。"宝宝听见后，就会停顿一下，然后想：接着会怎样呢？这时家长再走过去，先不要急匆匆地跑到宝宝面前，而是远远地跟宝宝打招呼，宝宝看见家长了，躁动不安的情绪又安定一点儿，而且会比刚才放心多了；接着再走到宝宝面前，用语言重复一下宝宝的需求，或者讲一两句简短的道理，或者转移宝宝的注意力，这样又可以延迟片刻。整个过程有2分钟左右，也就差不多了，这已经是1岁宝宝延迟满足能力的上限了。

16. 怎样安抚宝宝的情绪？

宝宝现在理解力很强，但是他的脾气很大，只要有什么事情不遂他愿，他就会眼泪吧嗒吧嗒往下掉，不知他是不舒服，还是利用我们的心软来达到他的目的，我该怎样教育他呢？

相比而言，如果说成人的大脑是理性化的，那么婴幼儿的大脑就是情绪化的。3岁以下的宝宝是典型的"性情中人"，不过有的宝宝是用"眼泪"说话，有的宝宝是用"发怒"说话，有的宝宝则温和一些，跟周围环境配合得比较好，大多数时光都是快快乐乐的。如果宝宝只要有什么事情不遂愿，就会眼泪吧嗒吧嗒往下掉，看来主要不是不舒服，而是想取得家长的"理解"和"支持"。

"理解"就是读懂宝宝此时此刻的心。成人已经习惯依赖言语理解对方，眼前的宝宝却需要家长凭借当时情境、宝宝的认知水平和情绪信号来揣测他的心。到底他的意愿是什么？要不要迁就他？如果迁就他会不会养成不好的习惯？那么现在怎么安抚他？这确实考验着初为父母的智慧。"支持"就是帮助宝宝走出情绪低谷，并逐渐走向平静和快乐。宝宝理解力强，但是为什么脾气大呢？因为他的理解能力和做事的愿望走在动手操作和肢体控制能力前面了，他很想驾驭眼前的事物，但是心有余而力不足，家长可以帮助他一点一点地掌握相关的技能，他就会变得自信和乐观起来。

17 宝宝为什么那么闹人？

我的烦恼

宝宝出生一个月的时候，夜里不睡白天睡；两个月的时候，睡觉时间矫正过来了，可是临睡觉的时候他会把大人累得半死。你得抱着他摇，放在小车上根本不行，等他睡熟了才能放在床上，否则，他醒了又得抱着摇，前功尽弃。夜里他总是醒，醒了虽然不用抱着摇，但是得用车摇。更让人读不懂的是，这孩子特别爱哭。夜里睡觉醒了就哭，白天动不动就哭了，哭得大人心烦意乱。没办法，就抱着他满院子转，早上四五点钟就抱着出去，晚上八九点钟他还不愿意回来。我的宝宝没有病，可为什么这么闹人？我怎样才能像别的妈妈一样不那么累？

为您点拨

从你的描述来看，宝宝属于难养型气质的孩子。心理学上说的"气质"跟我们日常说的"气质"不是同一含义，后者指风度，前者指孩子先天出生后便显现出来的情绪和行为反应特征。气质有很多种分类方式，从养育难易程度来说，分为三种：易养型、难养型和中间型。顾名思义，易养型的孩子出生后比较容易适应环境，生活比较有规律，例如吃奶一次吃个饱，夜里睡觉醒的次数也少；而难养型的宝宝可能叼几口奶就不吃了，一会儿饿了就哭，吃几口就又歇歇，夜里睡觉要醒很多次，还可能得叼着奶嘴睡觉，或者大人抱着、摇着、晃着，他才能睡觉等，这样宝宝的妈妈就比较辛苦。

为您支招

研究发现，难养型气质的宝宝对妈妈最具有挑战性，他会直接影响妈妈的爱心、耐心和教育方式，容易激起妈妈的消极情绪和简单粗暴的教育态度，从而干扰难养型气质的宝宝向着适应良好的方向发展，导致恶性循环。我们常听一些比较淘气宝宝的妈妈说："这孩子打小就这样，拿他一点办法也没有，现在越发淘气了。"所以，妈妈一定要坚定自己养育宝宝的耐心和信心，保持平和的情绪养育孩子，多想一些积极的办法改善孩子的状况，引导孩子渐渐提高适应能力。

18 怎样才不会太娇惯宝宝？

有的人说宝宝哭了、饿了、渴了，就应该立即满足他，否则不利于他的身心发展，但有的人说这么做太娇惯宝宝了，以后会养成他想干什么就得干什么的坏习惯。请问面对宝宝的需求，家长应该采取什么样的方式才能更加促进宝宝的健康成长？

家长的理解和操作可能就应该更加准确一些。宝宝哭了、饿了、渴了，说明他有急切的心理需求，家长不理不睬会加剧他的焦虑不安，这对宝宝的身心发育确实不利；但是如果宝宝习惯于有需求就必须立即得到满足，他就学不会等待，将来可能形成性子急、爱发脾气的行为模式，进而影响以后的性格特点。

对于这种现象，家长比较适宜的做法是"积极回应"但不是"立即满足"。操作方式是：当宝宝产生各种需求的时候，先用声音和肢体动作回应他，让他意识到家长已经知道他的呼唤，让他在有希望的等待中忍耐几秒钟，这个时候，家长可以抱起宝宝，把奶瓶摇晃给他看或者用其他物品逗引他，跟他说简短的话语，如"哦，宝宝饿了，该吃饭了，妈妈来喂你"之类的话，然后再让他喝奶、喝水。不要小看了这几秒钟的意义，这种方式能培养宝宝短暂几秒钟的忍耐和等待，它并不损害宝宝的身体健康，但是对宝宝的心理健康、智力发育以及交往潜能都有积极的促进作用。

19 宝宝为什么特别爱哭？

我的烦恼

宝宝10个月，特别爱哭，夜里哭，白天也哭，到医院没有检查出什么毛病，老人说就有这样闹人的孩子。有时候我身心疲惫，忍不住对他发脾气，我把他放在床上，生气地说："你哭，哭吧！"他果然哭的声音更大，难道他听懂我的意思了？看他可怜的样子，我又把他抱起来，他确实哭声减弱一些，我真的不知道该怎样安慰自己的宝宝？

为您点拨

宝宝先天的秉性确实不同，有的宝宝出生便很安静，有的则比较喧闹，新家长不要幻想宝宝总是遂心愿的，要做好磨炼母性的心理准备。研究发现，人类有五种基本情绪：快乐、愤怒、恐惧、厌恶和悲伤，宝宝出生8个月后已经全部具备识别和表达这些情绪的能力，所以宝宝完全可以辨别出家长对他的消极情绪。

为您支招

宝宝以后健康发展的基础是他感觉到自己处在安全、温暖和被接纳的环境，这样他才能发育出自信和爱心，所以有脾气、有个性的家长要在婴儿面前变得没脾气、没个性，对处于婴儿期的宝宝要格外温柔、体贴和宽容。

20 宝宝害怕陌生人怎么办？

女儿6个月了，一看到陌生人就吓得直哭，一个劲儿往我怀里钻。看别的跟她同龄的宝宝一点都不怕生，我担心极了。女儿怕生会不会影响她将来的人际关系？有什么有效的方法改变女儿吗？

在早期教育咨询中，关键词为"怕生"、"胆小"、"内向"的问题是最多的。家长可以从多个角度正确理解孩子成长中遇到的这一现象。从积极意义上来说，"怕生"是孩子社会性发展到一定程度的体现。比如，0—3个月的婴儿不认人，对谁的反应都一样；3—6个月的婴儿能够区别出熟人和生人，对熟人的反应比较积极，排斥生人。可见，您6个月的女儿恰恰处于这一发展阶段，这是孩子发展的共性。当然，家长可能纳闷跟她同龄的宝宝怎么就比较"潇洒"呢？这就涉及孩子发展的个性。每个孩子生而具有的遗传因素有差异，出生以后的家庭教养环境也是千差万别，于是内外因一起造就了一个个千姿百态的孩子。

"怕生"是孩子成长过程中出现的阶段性问题，如果家长正确引导，那么孩子就不会在这个阶段停滞不前。首先，家长心态要放松，请不要"担心极了"。如果孩子见到陌生人吓得直哭，一个劲儿往您怀里钻，您别对孩子发急，安慰安慰她，她就不再"哭"、"钻"，只是依在您怀里不肯出来，这就说明您的孩子是正常的害怕，而不是极度的恐惧，那么问题就不大。其次，说到锻炼孩子的胆量，可以把长远之计和近期办法相结合。从您发现孩子胆小的状况起，可以经常带孩子出去，让她多见识见识走出家门的世界，与陌生人磨合多了，她的害怕心理就减少了。长远之计可以借鉴多元智能理论的原理，以强势领域带动弱势领域的发展。您观察女儿对哪些事物感兴趣，多培养一些这方面的能耐，她表现自己的机会多了，自信心增强了，怯生的心理就会逐渐减弱了。

0—1岁 | 21

21 宝宝对玩具不感兴趣怎么办？

儿子差不多8个月了，可他对什么玩具都不大感兴趣，拿起来不到2分钟就丢开了。请问这是什么原因，我该怎么引导他？

玩具是陪伴宝宝健康成长的亲密伙伴，培养宝宝爱玩玩具、会玩玩具，还会管理玩具，是幼儿家庭教育的一个重要方面。对1岁以下的宝宝，主要是培养他们玩玩具的兴趣。

家长要把握好两个方面。一方面是把握好玩具的自然属性，一岁以下的宝宝对带响声的、会转动的、颜色鲜艳的玩具比较感兴趣，家长可首选这类玩具。另一方面是把握好玩具的社会属性，对此，家长要把自己扮演成一个"大宝宝"，与"小宝宝"一起玩，以自己的"欢呼"带动宝宝的情绪，以自己的"发现"引发宝宝的好奇心。如果家长只是把玩具买回家，不跟孩子一起玩，他很有可能不"领情"，家长买回来的价格不菲的玩具，孩子却不知为何物，只有你带他玩了，他才会"买账"，才会"明白"玩具有休闲娱乐的价值。

22 宝宝喝洗澡水怎么办?

宝宝1岁,让她学拿杯子喝水的时候,她不感兴趣,到洗澡时,却拿起舀水的杯子一个劲儿喝洗澡水,一边喝还一边笑,不让她喝就哭闹。怎么纠正好呀?

这说明爱玩是孩子的天性,玩具和游戏是伴随孩子健康快乐成长的好伙伴。也正是因为孩子爱玩,所以他常常把正经事儿和游戏玩耍混为一谈,本来用于喝水的水杯被当做舀水的玩具,能喝的水不喝,不能喝的水却笑着喝。这是活泼可爱的小宝宝们常玩的把戏,我们要尊重孩子的这一天性。同时可以看出,你的宝宝已经掌握了拿杯子喝水的技能,你要做的是既满足他玩"拿杯子喝水"的游戏,又让他渐渐习惯于正经喝水的方式。

不妨尝试下面几个策略,看看效果如果。(1) 洗澡的时候不再提供水杯,而是提供皮球、水鸭子这样的玩具。(2) 如果孩子非要水杯不可,就给他提供两个水杯,示范并吸引他从一个水杯倒向另一个水杯的玩法;或者提供一个水杯和一个水壶,做法同上。(3) 需要喝水的时候,孩子可能正在或将要做某种游戏或玩玩具,可以此为交换条件,完成拿杯子喝水的动作再继续玩。当然,最初不宜提太高的要求,他只要能自己拿杯子喝一两口水就要表扬他,以后可以慢慢加多。

为什么宝宝总爱抠别人的眼睛?

宝宝10个月,我喜欢让她面对着站在我的腿上玩,可她的手有时会冷不丁地抠我的眼睛,家里几个布娃娃的眼睛也被她抠掉了,她还抠过小区里一个小婴儿的眼睛,吓得我都不敢带她出去玩了。宝宝为什么总爱抠别人的眼睛?家长该怎样教育宝宝?

这与宝宝的手指精细动作发展水平有关。手指的五个指头各有各的功能,但刚出生的宝宝的手指功能还没有分化,有"握"的本能反射,渐渐地才学会了"抓",这说明她的手指关节发育到能够弯曲抓物了。

10个月大的时候,她的食指分化出来,能单独伸出来完成一个任务,因此她特别喜欢带洞、带眼的玩具和物件,能够满足她食指发育的需要。家长可以为她提供一个跳棋盘,她会乐此不疲地用食指在棋盘上伸进伸出,让宝宝以这种方式安全地度过食指发育敏感期,她就不会"如饥似渴"地找眼睛抠了。

24 宝宝爱向别人要东西怎么办？

宝宝快1岁了，在院子里玩时经常有人给他吃的东西，我不想让他养成随便要别人东西的习惯，可带他的阿姨和院子里的老人都说他还小不懂事，等大点再教育也不晚。请问：我是否应该从现在起就不让他随便要别人的东西？

宝宝惹人喜爱，所到之处总会有人给一些吃的东西，这是人之常情，可以理解。然而实际上，确实不应该给宝宝随便吃东西，也不能养成随便要他人东西的习惯。家长的引导方式要两全其美，既对宝宝有很好的教育，又不要驳别人的面子。

可以跟宝宝说："我们家里有，谢谢阿姨，我们不要了。"边说边婉拒给东西的大人，或者抱着宝宝慢慢走开。1岁左右的宝宝记忆时间短暂，等回家就忘记这事了；如果宝宝的记忆力超常，家长回家后就佯装寻找，然后说："怎么没有了？妈妈现在（或明天）就去买。"把东西买回家让宝宝品尝，他就不会觉得别人的东西稀奇了。同时使宝宝养成讲卫生的好习惯，必须洗手才可以吃东西。有的人可能很热情，把吃的东西硬塞给宝宝，这时家长可以对宝宝说："还没洗手呢，回家再吃吧。"回家之后要告诉宝宝"在外面吃东西脏，有细菌，吃进肚子会生病，要吃药打针"等。久而久之，宝宝就对外面的东西不感兴趣了。

25 宝宝喜欢撕纸怎么办?

我的烦恼

宝宝9个月了,总喜欢撕纸。请问怎样教她爱护东西,不乱撕纸,不吃纸?

为您点拨

9个月的宝宝喜欢撕纸,说明他的小肌肉精细动作发展了,手的活动变得更加灵活,你应该提供相应的材料支持他的发展需要。支持宝宝撕纸并不是让他撕书,爱护图书是宝宝应该养成的好习惯。宝宝并非有意要撕书,他只是想发展自己的精细动作,如果家长通过合适的渠道满足他的愿望,他见着书就未必要撕书了。

为您支招

皱纹纸、卫生纸和餐巾纸都比较适合宝宝,报纸不合适,因为报纸上的铅字含有化学物质,对宝宝有潜在的危害。家长不要把一大卷纸或者一大叠纸都放在宝宝的眼前,随他高兴随便撕,家长可以给他提供五六张纸,可以让宝宝先撕大块的,再接着把大块撕成小块,他会尽兴地认真工作一会儿,玩累了,家长可以边收拾边说:"咱们把桌面清干净再玩别的。"当宝宝吃纸的时候,家长要明确告诉他可以撕纸但不可以吃纸,并尽快把纸屑收拾利落。如果家长发现他要撕书,家长就要赶紧把书换成皱纹纸让他撕,这样便防患于未然了。

26 宝宝经常把家翻得乱七八糟怎么办?

宝宝11个月了,他的玩具已经有了足足一大箱。每次给他买来新玩具,玩一会儿他就没了兴趣,他对家里的其他物品似乎更有兴趣,经常把家里翻得乱七八糟,请问是否该制止宝宝的这种行为?

玩具是重要的教育工具,宝宝通过把玩玩具获得身心多方面的发展,然而,这并不是说宝宝的玩具越多越好。如果宝宝眼前的玩具很多,他的视觉容易造成混乱,不便于他确认自己喜欢的目标,降低了他的有意注意水平,因此,他可能各个玩具都抓抓摸摸,但持续时间不长。可见,家长不能光买玩具,还要学会投放玩具。家长可以把玩具适当分类,有些玩具暂时收藏起来,过一段时间再拿出来。这样孩子会专心地玩眼前的玩具,以前的玩具以后再拿出来也有新鲜感了。

孩子越大对生活用品越感兴趣,在他看来,最好的玩具并不是从商场里买来的,而是家里的瓶瓶罐罐。因为家里的物品形状不规则,色彩和质地千差万别,发出的声响也很奇特,所以孩子特别喜欢玩家里的物品,以至把家里翻得乱七八糟,这是他"改造世界"的作品,只要他玩得安全就让他玩。既然养育孩子,就得忍受他对成人生活规则的破坏,家长一方面要毫无怨言地及时收拾,给他一个爱整洁的榜样;另一方面,等他们有了一定行为能力的时候,带动他一起收拾玩具和房间。

27　宝宝怎么才8个月就爱打人？

宝宝8个月了，特别爱玩，胆子大，不认生，但是喜欢打别的孩子，他会不会长大之后攻击性很强？

攻击性包括攻击性意图与攻击性言行两个方面，8个月的宝宝尚不具有攻击和侵犯别人的意图，他"打别的孩子"虽然是攻击性行为，但他的意图是想与人交往，现在又不会用语言表达，只好用肢体语言表达，胆子大、不认生、身体好的宝宝更容易这样。他长大之后会不会攻击性很强，与家长是否掌握科学的教育方法有关。

当宝宝"打别的孩子"的时候，家长要替宝宝解读他的心理需求，并用简洁的语言帮助宝宝表达出来："你是想与他玩吗？那就与他握握手吧。"然后拉着宝宝的手学习握手。也可能是："你是想要他玩的玩具吗？不要动手抢，应该征求他的意见。"然后为宝宝示范征求意见的方法，如果对方不同意，就对宝宝说："现在小朋友在玩，你要等一等。"家长的这些教育方法，实际上既在引导宝宝的交往意图，也在引导他的交往行为，帮助宝宝学习良好的交往习惯。

28 宝宝爱敲敲打打，有问题吗？

宝宝9个月，总爱敲敲打打的，制造出很大的噪音，我很担心这样会不会损伤他的听力。朋友送给他很好的玩具，他拿在手里就磕、敲、摔，也不知道爱惜玩具，他是不会玩呢，还是不喜欢玩呢？

9个月的宝宝喜欢敲打的动作，这很正常，这是他们锻炼感觉器官、揣摩物件、控制敲打力量的探索性行为，但是常常被家长理解为破坏性行为。实际上，这么小的宝宝喜欢玩自己的手能够把握住和控制住的简单小玩具；比较大、比较高级尤其是一些电动玩具，适合6个月以内的宝宝，因为这个月龄的宝宝正在发展用眼睛追随运动的物体的能力，到了9个月，宝宝的能力增强了，他不满足于仅仅动眼，还要动手了。

宝宝敲打制造的噪音，如果是短时间，不必制止；如果是长时间，可以给他换一个小一点的物体敲打，减少噪音。一般情况下，宝宝敲打一会儿就会疲劳和厌倦，就自动停止了。如果宝宝不知疲惫地长时间重复一个敲打动作，就要密切关注宝宝，并与专业人士交流沟通，商量采取进一步的措施。

29 宝宝在亲子班不跟着学怎么办？

宝宝已经11个月了，我周末时带着儿子去上亲子班，陪着他上阅读课，但是在课堂上，别的孩子都能认真听老师讲，和老师一起说，他却经常在一边滚来滚去地玩，不管发现什么新鲜东西都能很感兴趣地研究，我需要管他吗？怎么管他呢？

为您点拨

一般情况下，家长带宝宝上亲子园都希望他能跟着老师多学一些知识和本领，所以宝宝跟老师配合得越好，家长越高兴，但是偏偏有的宝宝不喜欢老师安排的活动，喜欢自己随便玩耍，这下子家长着急了："学生怎么能不听老师的呢？"宝宝是个乖学生固然是好事，家长也不要对不乖的宝贝过于着急，需要把小宝宝学习的概念再扩大一些。

为您支招

其实，小宝宝的学习无处不在，而不是只听老师讲课才叫学习。亲子园有适合宝宝学习的环境、书籍和玩具，他"经常在一边滚来滚去地玩，不管发现什么新鲜东西都能很感兴趣地研究"，这个现象本身已经说明宝宝在学习，只不过他是"自学"而已，家长不必干涉宝宝自发的探索学习行为，应该支持和鼓励他。至于学会听老师上课的本领，随着宝宝思维水平和自我控制水平的提高，他将会渐渐适应亲子园的环境与要求了。

30 宝宝不配合早教怎么办？

宝宝10个月大，我给他买了一些书，准备按早教书上的读书指导去做，但是他根本不配合，我一把书打开，他就把书夺过去开开合合，要不就干脆把书一页页地撕下来。我应该怎么样引导宝宝读书呢？

10个月的宝宝还不能产生成人所理解的阅读行为，书在宝宝眼里也不是知识的宝库，只是他玩具中的一个物件而已。但科学的早期阅读并不是从识字、识图开始，而是从翻书开始的。家长一把书打开，他就把书夺过去开开合合，恰恰说明孩子对书能够翻来翻去这种直观特性把握得很准确，练习和学会翻书将是宝宝走向自主阅读的第一步。当然，宝贝对书的纸张特性也会产生很大的好奇心，因此他可能一页一页地撕下来，家长可以这样满足孩子的好奇心又不至于损坏书。

讲故事的时候告诉宝宝不可以撕书，如果他特别想撕书，说明他暂时不想听故事，家长就把一些报纸或者打印纸裁得整齐一点，订成书的样子，让宝宝撕，满足手部精细动作的发展需求。他渐渐就会明白"听书"、"读书"和"撕书"是不同的行为，应该有所区别。如果宝宝喜欢看某个动画片，对其中的人物形象比较熟悉，家长可以买与之相关的图书，宝宝读书的感觉也会好一些。最后提醒家长，对宝宝的早期教育不宜要求过高，当孩子知道书应该怎么拿、会模仿大人的样子翻书、喜欢假装读书、喜欢听大人读书，以后还会通过发声游戏或者比划动作来感受阅读的快乐和书中的幽默与滑稽，那么两岁前宝宝的阅读水平就基本达标了。

31 怎样判断宝宝聪明不聪明?

宝宝出生以后,怎样判断他聪明还是不聪明,如果不聪明,家长该怎么办?

家长都希望生出的宝宝聪明,但是对于新生儿来说,主要判断他智力正常还是低下,至于聪明不聪明,是在智力正常的基础之上靠后天的教育和他自己的努力而达到的。

判断宝宝智力正常的几个简单方法是:"哭"、"笑"、"听"、"看"。正常宝宝生下来就哭,而且根据外界刺激的不同,哭的声调、强度、快慢、音量、长短都会不同,因为不同的哭声代表宝宝不同的反应,如果宝宝很少哭,哭声无力或者尖叫,较少受外界环境的影响就有可能存在问题。正常宝宝两个月就会笑,4个月会大笑;如果宝宝6个月还很少笑,12个月还不会大笑,这是智力低下的早期信号,家长需要特别注意。3个月的宝宝已经开始会寻找声源,如果他正在吃奶,突然放一个音乐或有一个声响,他会停一下或者加快、放慢吃奶速度,这就说明宝宝正常,如果清醒状态下的宝宝对周围的一切听而不闻,也是一个值得警觉的信号。1个月的宝宝已经能注视周围事物,3个月已经能追寻活动的人或物,智力低下的宝宝则常常视而不见。

32 怎样开发小宝宝的智力？

我想知道，关于三四个月大的宝宝如何开发她的智力？

婴儿的智力发育是建立在听觉、视觉和身体运动能力不断完善的基础之上，三四个月阶段是宝宝在手眼协调能力和社会性微笑的发展的重要时期，家长不要错过这两个智能的发展机会。

三个月前，宝宝的手部动作以无意识活动为主，手眼之间尚不能协调，现在不一样了，宝宝逐渐出现有意识的、手眼协调的活动，例如看到可爱的玩具，他的手会伸向玩具，当然有时能够着玩具，有时不能，家长可以多给宝宝提供锻炼的机会。例如把玩具吊起来，玩具晃晃悠悠的，吸引宝宝去抓，如果他抓住了，就鼓鼓掌并亲亲宝宝的脸蛋。启动一些带响、会动的玩具，也能吸引宝宝手眼协调的、准确的抓握行为。

社会性微笑对三四个月的宝宝很重要。以前他的笑主要是一种本能和自发的笑，现在他能认识熟人和生人了，开始对熟人笑，可以被家长逗笑，说明他能理解家长发出的情感信号和社会信号，并产生互动和回应，家长经常逗宝宝笑，会大大提高宝宝理解复杂信息的能力。例如，白天光线充足的情况下，带着宝宝照镜子做鬼脸，宝宝会开心地笑，并对形状的变化产生感受，但是晚上容易产生阴影的情况下，最好不要让宝宝照镜子，这样可能会吓着宝宝；大人把手放在自己的嘴上打哇哇，然后放在宝宝的嘴上打哇哇，宝宝也会高兴地笑，并对声音的变化产生感受。这些都是开发三四个月宝宝智力的好办法。

33 应该给新生宝宝买什么玩具？

给新生婴儿买什么样的玩具有利于开发他的智力？做什么样的亲子游戏最好？

新生儿的视力水平比较弱，到4个月才有调节视焦距的能力，所以太近或太远的东西在新生儿的眼睛里只是个模糊的影子，他能看到的最佳距离是20厘米，相当于喂奶时家长的脸与宝宝的脸之间的距离。虽然如此，但是宝宝一出生就有视觉记忆力了。有一个研究案例：一位妈妈感冒了，为了避免感染宝宝，她带上了口罩，可是只有8天大的宝宝因此而频繁地看妈妈的脸，结果吃奶少了，入睡也不安定，睡觉时间减少。

可见，从宝宝一出生就应该采取积极的办法开发宝宝的智力。当宝宝吃完奶1个小时左右，他会处于安静觉醒状态，让宝宝半卧斜躺在家长的怀里，家长在大约20厘米的位置给宝宝看一些颜色鲜艳、声音悦耳、移动缓慢的玩具，新生儿比成人眨眼次数少，喜欢凝视，开始他会目不转睛地盯着玩具看，以后他看的时间越来越短，这正说明宝宝有很强的视觉记忆力，家长再换一个新玩具吸引宝宝的眼球。另外，家长是新生宝宝第一个也是最好的"玩具"，宝宝最喜欢听家长的声音，最喜欢看人脸，最喜欢家长逗他。家长用柔和的声音、微笑的面容跟宝宝"嗯"、"呃"、"啊"、"噢"、"咿呀"，宝宝的情绪愉悦，他看着家长的口型、听着家长的发音，他的语言发育就悄悄地开始了。宝宝还喜欢家里的大人轮流逗他，不同人的脸，带来不同的游戏方式，宝宝觉得很新奇、很开心呦。

34 刚出生的宝宝可以读什么书？

宝宝刚出生，我在书店里发现有许多黑白图案的大书，营业员说这是给婴儿看的，是这样吗？应该怎样使用它？

你所说的黑白图案的大书，原本是广泛用于发展心理学研究的实验素材，心理学家从中发现了婴儿认识事物的特点和潜能，现在把它出版作为面向普通大众的图书，旨在开发婴儿的潜能，这个初衷是好的，但是家长要根据婴儿的客观发展规律正确使用这些图书。

首先，家长可以用这些图案初测宝宝的视力发育是否正常。由于不能用视力表来检查一岁以内宝宝的视力，家长便可以用心理学研究领域的"偏爱法"进行初测。因为婴儿喜欢注视图案，对图案中人脸的注视时间更长，所以家长可准备有图案的书和没图案的白纸，有人脸的图案和没有人脸的图案，如果宝宝视力正常，就应该对前者注视的时间更长；否则说明宝宝的视力可能有问题。家长可以带宝宝到医院确诊后及早治疗。其次，可以用这些书促进宝宝的视力发育。婴儿对黑白对比明显的图案感兴趣，在婴儿清醒安静的时刻，家长让宝宝坐在自己的腿上，打开书中的图案，在距离宝宝眼睛25厘米处左右缓慢移动，吸引宝宝的眼睛跟着看。如果他注意看了，他的眼睛会睁得大大的，一副很神气的样子，如果10秒钟后他闭上眼睛或把脸转开，就应该让他歇歇了。

35 可以给3个月的宝宝讲故事书吗？

宝宝3个月了，我可以开始给他读书讲故事吗？多大开始给宝宝读书比较合适？

早期阅读是颇受提倡的现代早教观念，所谓早期阅读，是指在学前阶段通过大量图文并茂的读物，为他们提供阅读、前识字和前书写的经验，培养孩子对阅读的兴趣，掌握一定的阅读技能，并在此基础上获得相关的启蒙教育和发展进步。研究表明，早期阅读能有效地刺激宝宝大脑神经细胞间的联系，促进个性的成长，具有开发心智的功能。

说到什么时候开始给宝宝读书比较合适，最早可以追溯到胎教。当然，准妈妈可能是为肚子里的宝宝读书，也可能是为增进自己的知识而读书，不管怎样，只要读书能使准妈妈心旷神怡，母婴二人都是受益无穷的，只不过宝宝是个间接受益者。等宝宝出生以后，他直接接触图书就是直接受益者了。妈妈要面目亲和，声音柔美，给宝宝读书讲故事特别能够增强母子亲情，也会带动宝宝对书和文字产生敏感和兴趣。只是宝宝的注意力集中时间非常短，如果他对妈妈的故事不感兴趣，主要的原因并不是您讲得不好，而是他累了，需要换一个活动方式。

36 怎么与刚出生的小宝宝玩游戏?

宝宝刚出生,跟这么小的孩子玩什么游戏能让他变得更聪明?

"聪明"的本意就是"耳聪目明",对于刚出生的宝宝来说,就更应该从"耳聪目明"的角度为宝宝未来的聪明才智打基础了。新生儿的大部分时间都是睡眠,当他处于觉醒状态的时候,就抓住时机给宝宝有利的视觉、听觉、触觉和动觉刺激。

在宝宝躺着能看见的天花板上牢固而安全地悬挂颜色鲜明并能运动的玩具,对宝宝的视觉发育是很好的刺激;新生儿还喜欢看人脸,家长照顾宝宝的时候,距离他近一些,并说一些简单的、柔美的话语,例如"宝宝,妈妈爱你!""宝宝是妈妈的小心肝儿!"这对宝宝都是很美的视觉与听觉享受,还有利于他的情绪稳定。秋天和夏天把宝宝放在小车上,他特别喜欢看摇动的树叶,但是注意不要让宝宝的眼睛受强烈阳光的刺激。如果是晚上或者天阴的时候,可以拿一个手电筒在天花板上照来照去,宝宝的眼睛会追随灯光的影子,他的探索欲受到激发。另外,给宝宝提供便于抓握的玩具,对他的小手、小脚、小腿进行抚触……总之,有利于刺激感觉器官发育的游戏都会对宝宝的智力发育有益处。

37 怎样培养宝宝的音乐细胞？

我和我先生都没有音乐细胞，不知道刚出生的宝贝女儿是否也这样？但我很希望女儿能弥补我俩的不足，给家庭增添一点艺术气氛，请问我们应该采取什么教育方法？

大量研究发现，所有人生来便具有音乐潜能，并且呈正态分布。有的成人认为自己五音不全或者缺乏音乐细胞，是把音乐才能主要定位在完善的歌唱或者乐器表演上，但是，绝大部分人都具有音乐欣赏的习惯和能力，这也是音乐学习习惯的重要部分。哈佛大学教育学教授霍华德·加得纳在他的多元智能理论中提出，人生来具备八种潜能，即：音乐智能、身体运动智能、语言智能、数学逻辑智能、视觉空间智能、人际交往智能、自我认知智能和自然观察智能，这些潜能在不同人身上的组合不同，有的人在这方面可能是优势智能，有的人在那方面可能是优势智能，尤其是经过后天的环境刺激和教育培养，人便具有了不同的能力特征。

周岁以内的婴儿可以每天接触三四次音乐，每次10分钟。家长可以用自己的嗓音给婴儿哼唱，还可以模仿婴儿自己发出的各种声音，用音乐的方式与孩子建立良好的亲子关系。播放经过选择的优秀音乐和优质音响，并随音乐的拍子、节奏和旋律摇摆、轻拍或者抚摩婴儿。在婴儿的摇篮和小床边提供他随意摆弄并发出声响的玩具，在他视线的上方挂一些响声玩具，例如风铃和转铃。孩子能顺利地说话以后，对儿歌的节奏比较敏感，喜欢模仿成人唱歌跳舞，能唱旋律简单的歌曲。4岁以后在适宜的教育环境下，可以初步接触乐理和键盘乐器。

38 小宝宝能看电视吗？

我儿子有12周，喜欢看电视，尤其喜欢看电视广告和天气预报，我们不知道看电视对宝宝有没有什么负面的影响？这么大的宝宝要不要看电视？

很多宝宝都有喜欢看电视广告和天气预报的倾向，这是因为这两种电视节目时间短小、画面花哨动感、语言简洁响亮、音乐通俗流畅，这些特点适合宝宝的童趣和接受水平，还由于这两个节目总是重复一些广告词和解说词，反复的词汇刺激对宝宝的语言发育也有良好的促进作用，因此很多宝宝学说的第一批词汇和句子都是电视广告和天气预报。

家长担心这些节目的负面影响可能是电视对宝宝的视力和辐射影响以及广告内容对宝宝的观念态度产生不良影响。宝宝的眼球正在发育，因此要把握好宝宝看电视的距离和时间，婴儿看电视最起码的距离可以这样计算：用电视机尺寸的大小乘以0.1来计算，比如家里的电视是21英寸的，那么宝宝看电视的最近距离是21×0.1米=2.1米。婴幼儿连续看电视的时间最多不要超过20分钟。如果他的眼睛不看电视，只是在放电视的房间待着，这没有关系，因为宝宝喜欢声响丰富、悦耳的环境，而且听电视对他的心理发展也有好处。另外提醒家长要常常开窗通风，带宝宝出去走走，增加运动量，避免患上"电视综合症"。

39 能不能跟小宝宝说儿语？

我看书上说，不要跟宝宝说那种特别简单的儿语，不利于孩子学说话，可婆婆总是跟宝宝说儿语，她说小孩子都是这么长大的，后来不都会说话了吗？到底应不应该跟宝宝说儿语？

儿语是专门与不会说话的婴儿的交流语言，它具有简单、重复、夸张、缓慢的特点，例如"喝水水"、"看灯灯"，它有利于吸引宝宝的注意力，表达成人对宝宝的疼爱之情，这对1周岁以内的宝宝是有好处的。但也有人认为这种长大以后就不再使用的儿语没有意义，会延误宝宝的语言发展。

这两种说法让家长感到矛盾和困惑，到底应该怎样呢？实际上，把这两种说法结合起来就是要给宝宝提供多样的、丰富的语言环境刺激，妈妈说"喝水水"拉近了宝宝与成人之间的距离，具有童趣；爸爸说"喝白开水"，虽然生硬了点，但是给宝宝示范了规范的语言。所以，不要强求家人用同一种模式跟宝宝交流，让宝宝逐渐理解不同的语言方式表达了同一个意思，这对他的发展才是更有意义的。

40 怎样教宝宝用手势打招呼？

宝宝现在已经9个月了，但是还不会拍手、再见等手势，好像身边和他差不多大的宝宝都会这些技能了，但是，他特别不愿意学，我们真不知道该怎么办？不过，宝宝其他方面都还不错的，特别喜欢站着玩，喜欢走来走去。

宝宝越小，个体之间的差异越大，每个宝宝都可能先学会不同的本领，因此家长会因宝宝在某一方面早慧而欣喜，又因在某一方面滞后而着急。您的宝宝在身体运动能力方面发展得稍快一些，在社会交往能力方面发展得稍慢一些。拍手和再见等手势意味着宝宝不但做到手脑协调，还学会了与人交往互动的初步技能，确实是宝宝的一个发展里程碑。

这一技能的学习并不需要特别的训练技巧，宝宝在正常的社会环境中都会通过观察和模仿的方式而学会，只是每个宝宝观察和模仿的时间长短不同而已，因此获得这一技能的早晚稍有不同。所以，只要你坚持带宝宝在社区里走走转转，见到不同的人跟宝宝说"拍拍手欢迎阿姨"、"摇摇手跟奶奶再见"，边说边示范动作，宝宝不久就学会了。

0—1岁 | 41

41 怎么读懂宝宝的心理？

宝宝快1岁了,我发现她对事物的名称很感兴趣,她手指什么,我就告诉她这是什么,但有时我告诉了她手指的事物,她却不满意,一副"啊、啊"很着急的样子,我又不明白她到底想知道什么,应该怎样读懂宝宝的心理？

宝宝的心理是世界上最难读懂的书之一,并且每个宝宝都是一本不同的书,想读懂自己的宝宝是每个家长的一大心愿。当宝宝开始用手指吸引家长关注某一事物的时候,说明宝宝的智力发育出现了一个飞跃,她开始主动与家长一起关注和探究世界了,所以家长的有问必答对促进宝宝的理解水平和语言发展都有重大意义。

宝宝的手指含义有很多种,有时是想知道"这是什么",有时是因好奇而想接近或者抓握某物,有时是因恐惧而想远离某物,有时是家长答非所问而继续探究,所以家长要尝试多种方式解答宝宝的疑问,并用准确而清晰的语言给宝宝传递信息,不要觉得宝宝只是胡乱指指,家长敷衍应付一句,甚至忽略不做应答,这将错过宝宝良好的发展机会。

42 怎样克服保姆不会说普通话的难题？

我的烦恼

儿子现在白天整天跟保姆在一起，而保姆文化素质低，普通话也说不标准，我一直担心会对他产生不好的影响。请问专家，我的担心有道理吗？

家长的担心有部分道理，但不完全占着理。文化素质低和普通话不标准确实是宝宝看护者存在的不足之处，对孩子的相关方面可能会有不利影响。但是，保姆作为看护者应该具有的重要素质是对宝宝有爱心以及内在修养较好。这两者恰恰不能与文化和普通话水平画等号。

愿意照看宝宝、真心喜欢宝宝是一个保姆应该具备的基本素质，或许她在看护经验和技能上还有不成熟的地方，但只要有了这种好的动机和态度，她就会主动地学习经验和技能。内在修养通过保姆的言谈举止表现出来，例如爱清洁、说话办事有礼貌、耐心回应宝宝的需要、做事细致认真、善于与人沟通等，很多这样的保姆文化素质不高、普通话也不标准，带出来的宝宝发展却很不错。当然，家长可以主动给保姆提供一些学习的条件和机会，鼓励她学习文化和普通话，这样，担心保姆对宝宝的不利影响会随着家长的帮助力度而渐渐减少。这样不是更好吗？

43 怎样弥补父亲较少参与早教的遗憾？

我老公在外地工作，每周末只能回来一次。我很担心宝宝将来因为感觉陌生而拒绝他。看了父爱可以有效地促进宝宝发育之后，我很担心宝宝因为这个原因输给其他孩子。请问有什么方式可以最大限度地弥补这一遗憾？

父爱在家庭教育中的作用越来越受到研究者的关注，大量的调查和研究都证实了父亲对孩子的健康成长具有积极的促进意义，这些结论有利于矫正"男主外女主内"的传统角色分工观念，使父亲和母亲从"教育孩子是婆婆妈妈的家务事"这种偏见中走出来。因此，为了孩子的健康成长，父亲和母亲要相互配合，给孩子完整的爱。当然，这并不是说，父亲出门在外，母亲就不可能给予孩子完整的家庭教育。固然，母爱是母亲之爱，父爱是父亲之爱，但是母亲也能学会父爱，父亲也能学会母爱，好多单亲家庭之所以能把孩子培养成才（如孟子、岳飞、欧阳修），其中一个重要原因就是他们自觉地扮演好了孩子缺失的"另一半"，自己弥补了作为单亲孩子的父亲或母亲的不足之处。

母亲怎样弥补孩子暂时缺失的父爱呢？这里提供几个策略供家长参考。（1）像父亲一样支持孩子的大肌肉运动。由于性格原因所限，母亲喜欢比较安静的孩子，孩子爬跑钻跳，母亲会担心不卫生或不安全，对孩子的限制和保护比较多，在意识到孩子的父亲不在身边时，就应该调整自己的态度，不要给孩子撑太大的保护伞。（2）多带孩子出去走走，让他与舅舅、叔叔或男同事玩耍，培养孩子开朗的性格。（3）请进同龄孩子到自己家里玩，别怕家里乱，让孩子放开手脚，培养他纳人悦己的品行。（4）母亲在外遇到不顺心的事情，要学会自己调节，不把情绪化的言行转移到孩子身上，保护孩子的健康心理。

44 老人会对宝宝有什么不好的影响?

宝宝快6个月了,因为工作原因,我只能忍痛把他交给在老家的奶奶带。这样会不会对他性格脾气等产生不好的影响?

因为工作原因把孩子交给家里老人照看,在现代社会很普遍,关于隔代教育的利弊也有很多讨论和研究。有人调查发现,在对孩子的态度上,父母趋于理性,隔代老人趋于感性。父母教孩子一种知识,买一样东西,满足一个要求,往往考虑对孩子的成长是否有益处,着眼于孩子的未来发展和培养孩子良好的品格,而老人对待孩子往往有一种溺爱的心情,而较少理会长远利益。但是也有研究证实,老人带孩子未必就弊多利少,一项跟踪调查发现,老人带的孩子性格比较温和,亲社会行为多,攻击性小,学习踏实勤奋。可见,隔代教育是利还是弊,还得具体情况具体分析,凭空担心的言行要是让老人发觉了,他们觉得自己不被信任,反而影响亲子关系。搞好隔代教育的关键环节是,两代人对孩子要有一致的正确要求。

宝宝只有6个月,当孩子比较小的时候,家庭教育以保健和养育为主,而这些教育内容是以科学喂养知识为准绳,两代人的观念比较容易统一,还没有牵扯到教育培养目标和价值观方面的问题,这方面两代人容易有分歧。因此,家长需要与老人沟通科学养育方面的常识,促进孩子的健康发育。至于能否达成共识,就看家长与老人的交流水平了。

从心理发展的角度来说,这个时期婴儿的依恋关系开始向第三阶段(特殊的情感联结)发展,这就是说他能够把自己的主要看护者从熟人中辨别出来,并表现出强烈的依恋,当他们一离开(孩子理解为抛弃自己)就焦虑哭喊,这个主要看护者既有可能是妈妈和爸爸,也可能是爷爷、奶奶、阿姨,谁与他朝朝暮暮在一起,他就依恋谁,并对陌生人开始防备、怯生,这就是家长常常疑惑的问题:孩子怎么变胆小了?其实,这倒是孩子长大的一个表现。因此,当家长偶尔回家看孩子的时候,要是发现孩子对您有陌生感,您既不必伤心吃醋,也不要错怪老人把孩子的性格养胆小了。

45 单亲对8个月的宝宝有什么影响？

我是一个单亲母亲，儿子已经8个月了，宝宝一天一天地长大，没有父亲陪伴的宝宝以后会不会变得自卑？我不知道在宝宝懂事时如何讲父母离婚的事情，更不知道如何对宝宝讲他父亲的事，怎样让宝宝成为心理健康的孩子？

父母离婚的事情对8个月宝宝的情感还不会产生直接的影响，如果宝宝以后上幼儿园了，他就明白每个宝宝都有一个妈妈和一个爸爸，自己也应该是这样。如果他不知道自己的爸爸是谁，会对宝宝的心理产生消极影响。

亲子关系不因夫妻关系的中断而中断，两人作为宝宝的母亲和父亲角色依然存在，两人还要商量以适宜的方式履行母亲和父亲的职责，并且彼此尊重，不向宝宝施加自己对另一方的消极认识与消极情感，尤其是年轻的妈妈照顾宝宝很辛苦，但是妈妈的辛苦和奉献不能代替宝宝对父亲的需要。家长要以健康的平常之心告诉宝宝：爸爸在另外一个地方住，妈妈天天跟宝宝住在一起，如果宝宝想见爸爸，妈妈可以送他过去。妈妈以平静的态度让宝宝明白每个人可以有自己不同的生活。

46 每天很累，怎么教育宝宝？

> 怀孕的时候读了不少早教书籍，感觉自己教育宝宝应该没有问题。现在终于做妈妈了，整天忙着应付宝宝吃、喝、拉、撒、睡那一摊子事情，每天都很累，觉得根本没有时间教育宝宝，我因此心情也很烦躁，怎么办？

如果宝宝出生以后发育正常，把他的吃、喝、拉、撒、睡都照顾好，这就是很大的功劳。你把教育宝宝单独提出来，是不是指很多书中提到的教育方案，你觉得自己没心情实施？请不要烦躁着急。有了宝宝以后，书上的教育方案对你具有启发和参考价值，现在需要观察宝宝的生活规律和自然特点，然后把书上的方案与宝宝的实际情况结合起来，这是一项很重要的家教工作，需要一段时间。

你提到心情烦躁，这是一个关键信息，新生儿不但身体发育迅速，也是情绪情感的发育期，大人的心情很容易影响到宝宝的心情，他会从家长的语气是否柔和、微笑是否频繁、反应是否及时等细节中体验到家长对待自己的态度，所以好心情是新家长教育宝宝的法宝。新家长可能因为没有把握清楚宝宝的生活规律而手忙脚乱，但是千万不要乱了自己对待宝宝的好心情。

47　什么样的早教书籍最权威、最全面？

再过几个月，我就要做家长了，请专家给我推荐一本最权威、最实用、最全面的早教专著？

虽然我们每个人都从小长到大，但是婴幼儿有许多身心发育密码不为我们所知，随着脑科学的发展和早期教育的研发，做一个优秀的家长越来越需要科学的早教知识和早教方法，因此市场上育婴杂志和书籍琳琅满目，这给渴望学习的家长带来了选择上的负担和困惑，究竟该看什么书最有效呢？

在此建议家长根据书刊的不用特点采用"复合式"读书法来满足自己的早教需要。杂志紧跟时尚趋势，内容与家长的实际需求比较贴近，读起来轻松活泼、通俗易懂，但是没有书籍介绍的早教知识系统、全面、深刻。正是因为书籍的专业性更强，所以读起来比较严肃，需要家长调动更多的抽象逻辑思维，与家长的实际需求有一定距离。因此，建议家长常常翻阅杂志，从中获得相应的科普知识；如果想有进一步地了解，再选择相关书籍阅读。有的家长喜欢上网搜索早教知识，这是一个便捷的方式，但是提醒家长注意：网络上传输的内容比较自由随意，不像杂志和书籍上的知识那样经过编辑的严格把关、筛选和校对，需要您调动自己的甄别能力。

事实上，并不存在"一本最权威、最实用、最全面的早教书籍"，因为每个家长遇到的具体问题并不完全一样，所以常常是遇到什么困惑，寻找什么答案，最后，这样的"万能书籍"还是家长自己在实践中编著出来的。

48 宝宝经常尿裤子怎么办？

宝宝1岁半，总是尿裤子，家长每次都会耐心地和宝宝说有小便要和家长说，但是宝宝有小便时，即使憋得跳起来也不说，还直摇头说没有，不知道如何解决这个问题。

这个年龄的宝宝比较贪玩，通常会憋到再也憋不住的时候才告诉家长。培养宝宝自己上厕所大小便，养成好的习惯，对宝宝而言，可以说是人生成长的一件大事。好的如厕习惯可以让宝宝建立自信心，对其以后的心理发育和成长有很大的影响。

家长要把握如厕培养的最佳时机，宝宝18—24个月大的时候，是接受如厕训练的最佳时机。家长要有耐心，定时提醒宝宝去厕所，直到宝宝养成排尿习惯。给宝宝穿简单、易穿脱的衣裤，让宝宝较容易如厕成功。家长要多花心思让宝宝适应训练，比如在宝宝不愿意坐便盆的时候，家长可以给宝宝观看类似《巧虎的故事》这样引导类的书或动画片，让宝宝知道他的肚子挤挤胀胀的时候就要像巧虎一样自己上厕所，寓教于乐。面对比较害羞的宝宝时，家长要给他特别的鼓励而不是惩罚。当宝宝尿裤子的时候，家长要和宝宝讲道理，告诉他憋尿不好，千万不要给宝宝太多压力，否则会让宝宝因为害怕而憋住大小便。

49 如何给宝宝断奶？

宝宝20个月，经过三次断奶尝试后，现在仍然在吃，虽然妈妈已经没有多少奶了，但宝宝还是想吃。如果妈妈不在身边，宝宝就像是忘了这件事一样，也能自己吃饭，但是一到睡觉前就会吵着要妈妈，好多次妈妈不想让他吃，就是狠不下心来。

宝宝10—12个月的时候，胃肠消化功能就基本完善了，对营养的需要也会逐渐增加。很显然，母乳已经不能满足宝宝生长发育的需要，此时辅食的需求量在增加，这正是宝宝断奶的适宜时期。不过对于两岁左右的宝宝来说，宝宝不仅把母乳作为食物，而且对母乳有一种特殊的感情，因为它给宝宝带来信任和安全感。宝宝在吸吮乳汁的同时不断地与母亲进行感情交流，获得母爱，这对宝宝身心发育具有重要影响。

首先要观察宝宝需要吃奶的其他原因：需要和妈妈亲热、需要吸吮、需要安慰(当受伤、生病或难过的时候)、因无所事事而感到无聊、习惯，或者需要入睡等。找到原因后，要让宝宝定时吃饭、喝水，避免饥饿。感觉宝宝想吃奶时，提供其他替代物或者引开他的注意力。最好在宝宝要求吃奶之前提供替代品，因为一旦他提出吃奶，再给他替代品，会让他感到被拒绝。另外，把宝宝带到一个有趣的场所，会进一步引开他对母乳的注意力。同时爸爸也要参与进来，多花一些时间来陪伴宝宝，抚慰宝宝的不安情绪。

还需要提醒家长的就是断奶最好选择春、秋、冬三季，避免在夏季炎热时断奶。也不要在宝宝生病时断奶，因为此时宝宝的抵抗力下降，改喝牛奶和吃辅食后，会加重宝宝的胃肠道负担，不利于疾病后的康复。

50 宝宝不好好吃饭怎么办？

我的烦恼

宝宝月龄21个月，在成长过程中各项指标都比较正常，就是吃饭不好，每次都是吃两口就不吃了。我们想了很多办法，比如讲故事，让他坐在餐桌椅上。可是刚管两天就不好了，非要下地玩，到处跑。我们深知不能追喂。但这个孩子个性强，任意哭闹。去医院检查了微量元素，各项指标都正常。我们平时也给他吃了些健胃消食的药，零食很少给他，但就是吃饭不好。

为您点拨

"言传不如身教"。大人们要养成正确的饮食习惯。宝宝的模仿能力极强，如果大人们本身的饮食习惯不正常，或者常常随便以零食果腹，自然没有理由去要求孩子遵守定时吃饭的习惯。在饭桌上呵斥宝宝，评价食物的好坏，是父母应该避免的行为。

父母除了不要让孩子察觉自己对他不肯吃饭的行为产生担心及焦虑的心态之外，也应该避免出现以下的情况。

1. 家中存放过多的零食：如果孩子无时无刻不在吃零食，一到应该吃饭的时间，孩子自然就吃不下饭，更严重的会造成孩子营养不良。

2. 放任孩子边吃边玩：孩子边吃边玩的结果，便会延长吃饭的时间，等到下一顿吃饭的时刻到了，宝宝却还不饿，当然就不肯乖乖地坐下来吃饭了。

3. 不愉快的吃饭时刻：许多父母在自己赶着去上班或是工作忙碌的时候，便会不自觉地要求宝宝吃快一点，如此便会使孩子对"吃饭"这件事产生不愉快的经验，因而排斥吃饭。

4. 以利诱的方式对待：父母如果以利诱的方式叫孩子吃饭，久而久之，便会让孩子以"吃饭"这件事当做交换条件。

 为您支招

1. 固定开饭时间。一日三餐两点（早餐7:00、早点9:00，午餐11:00—11:30、午点15:00，晚餐18:00—19:00）的安排是比较合适的。

2. 不要满足孩子不合理的要求。如果孩子不吃饭，那过后即使饿了，也不要再给他任何零食。

3. 父母自己要有好的就餐习惯树立榜样。

4. 父母不要一味强迫，过分关注。

5. 增加孩子的活动量，增加能量的消耗，促进孩子的食欲。

6. 给孩子准备一套可爱的餐具、变换食物的花色品种。

7. 在保证安全的情况下，让孩子参与"做饭"的过程。

8. 作息时间与幼儿园保持一致。

51 宝宝吃饭时间长怎么办？

我家宝宝有个很不好的习惯，就是吃饭要很长时间，因为他老是把饭含在嘴里。我们大人晓之以理，动之以情，但是都没有什么成效，请专家帮忙指点。

宝宝把饭含在嘴里不嚼或者嚼了也不吞咽，是让家长比较焦虑的吃饭习惯。其实，宝宝的咀嚼和吞咽能力是没有问题的，关键的原因还是宝宝没有产生饥饿感。吃饭是人的本能需要，并不需要"晓之以理，动之以情"，现在情况变得这么被动，主要是宝宝的运动量不足造成的。现在的宝宝吃的食物营养价值比较高，需要宝宝付出一定的体力把它消化了，下一顿饭才能吃得香。

家长不要总让宝宝安静地坐着玩，要带着他走走、爬爬、蹲蹲、站站，做到动静结合，例如为他提供一个手推车或者一个皮球，促进他产生身体大运动，宝宝消耗了能量就需要补充新能量，于是就产生了食欲。还需要提醒家长的是，要培养宝宝按顿吃饱饭的好习惯，不要不停地让宝宝吃零食，使宝宝整天处于不饱也不饿的状态，这是影响宝宝食欲的一个重要因素。

52 孩子挑食怎么办？

宝宝18个月，挑食，不喜欢吃青菜，不管我们将青菜切得有多碎，只要喂到嘴里就往外吐，带馅儿的包子或饺子也很少吃，如果一定要她吃她就大发脾气，哭闹不止。

宝宝挑食可能有以下一些原因。

1. 添加辅食阶段的失误。辅食的添加要注意循序渐进，种类与量要从少到多，味道从轻到重，尽量不要过早给宝宝接触甜食。爸爸妈妈的影响也非常重要。

2. 心理因素。宝宝对食物的挑三拣四有时是源于自我保护，陌生会让他们产生"恐惧"，结果当然就是排斥。再者，渐渐独立的宝宝，也会通过挑选食物来表明自己的喜好。

3. 食物的外观、气味。如果宝宝曾经对某一食物留有不好的印象，也会排斥这一食物。

1. 有足够的耐心去等待。

2. 不要给宝宝过多的选择。要照顾宝宝的口味，但不用多，有一种他喜欢的东西做搭配就够了。

3. 正确估计宝宝的食量。宝宝虽然活动量大，但胃口小，宜采取少食多餐的饮食原则，在下一餐给他提供含维生素较多的水果，以弥补前一餐营养不均衡的缺憾。

4. 让宝宝尝试动手的快乐。

5. 游戏引导。例如，在进餐前专门挑选一些与饮食有关的儿歌，通过儿歌引导宝宝吃青菜。

6. 妈妈做"大厨"。练好厨艺"内功"，饭菜要常变花样，上下餐之间不要重样。

7. 适度放权，让宝宝按自己的需要选择食物。给宝宝尽可能提供健康、丰富的食物，创造宽松、积极的进餐环境，在他们发生偏食时给予提醒。

53 宝宝食欲不好怎么办？

宝宝22个月。我们教育最大的困惑是吃饭问题。每当吃饭的时候我们都比较发愁，她自己不吃，大人喂有时也不爱吃，吃几口就说吃饱了。据我们了解她还没有吃饱，她食欲不好，家长应该怎么办？

生活习惯的养成是每个孩子成长的必经过程，现代许多家长总是事事帮孩子做好，反而让孩子失去学习及成长的机会。父母亲该给予孩子适当的教导，帮助他们建立初步的自理能力意识，学会自我服务，知道自己的事情自己做，初步掌握基本的生活能力。

1. 平时宝宝是否零食过多，导致吃饭的时候不吃。就算吃饭的时候没有吃饱，还有其他零食可以供应。导致宝宝没有正餐与加餐的概念，甚至认为想什么时间吃都行，这种喂养方式不利于宝宝的身体健康。

2. 宝宝是否存在挑食偏食的现象。首先家长要弄清楚的是宝宝本身就不爱吃某种饭菜还是只要是饭菜都不爱吃。如果存在挑食偏食现象，可以更换漂亮的餐具引发宝宝的食欲，也可以把不爱吃的菜做成馅包饺子或包子。

3. 与成人一起游戏进餐，控制进餐时间。进餐时间是要有一定的时间规定，尤其是冬天，饭菜易凉。成人需要准备一大一小两个勺子、碗、盘子，和宝宝一起进餐。期间可以适当喂饭，当进餐时间结束的时候，准时收拾整理。给宝宝一个概念，进餐是有时间限制的，不能边吃边玩。

54 宝宝不爱吃水果、蔬菜怎么办？

我的烦恼

宝宝乳牙已经长出了不少，但是吃饭偏食的毛病也随之产生了，如让他吃水果，他只吃西瓜，其他的水果一点儿都不吃。吃蔬菜就更费劲了，只吃他喜欢的菜花。任凭家长怎么引导，他对其他蔬菜还是兴趣不大。怎样克服偏食的毛病呢？

为您点拨

宝宝偏食通常有以下几个原因：家长忽视了对宝宝正常饮食习惯的培养，或对宝宝过于迁就与放任，助长了宝宝偏食的习惯；家长有意无意地在宝宝面前表现出对某种食物的偏好，宝宝受到了偏食意识的影响而自然地加以模仿。宝宝不爱吃水果的原因很多，包括：味道、颜色、外形等诸多因素。例如：水果不甜或者太酸、太硬等。

为您支招

要改善宝宝的偏食习惯，家长要有耐心和方法，太过着急会出现教育态度和方法上的失误，从而加重宝宝的逆反心理。宝宝不爱吃菜，可以将青菜切成细丝与爱吃的菜放在一起烹调，少量开始，慢慢加大。进餐时的家庭气氛也会影响宝宝的饮食习惯，愉快轻松的气氛可促进宝宝的食欲；反之，则会造成食欲不佳。家长要注意：在宝宝吃饭时，不要总把吃蔬菜的事情挂在嘴边，用淡化的态度让宝宝在不知不觉中改变坏习惯。另外，家长要表现出对食物有极大的兴趣，宝宝得到积极的暗示后会主动地模仿。家长要选择甜度及软硬适中的水果，如葡萄、草莓等，将水果切成小块制作成拼盘水果，增强宝宝的食欲。

55 宝宝饭前非要吃零食怎么办?

宝宝19个月,男孩,他吃饭时总是边吃边玩,饭前非要吃零食。例如宝宝饭前非要吃香蕉,我说不行,他就大哭大闹。这时老人通常会妥协,而我也会犹豫。但有时我会先让他哭,他情绪宣泄差不多了,会试探地看着我,这时我就会去抱他,告诉他吃了香蕉后肚子就没地方放好吃的东西了。结果,宝宝放弃了哭闹,我就把他抱回餐桌,一会儿就没事了,可下一次还这样。该怎样彻底解决这个问题呢?

这个年龄段的宝宝会尝试各种行为,以观察别人的反应。宝宝这样聪明,会试探大人的底线,那就更说明宝宝也知道什么是对什么是错。家长既然很明确地知道饭前吃零食对宝宝没有好处,那就更应当坚持正确的要求。全家统一要求,宝宝的数次试探结果一致,好习惯自然而然就形成了。

家长没有满足宝宝不合理要求,面对宝宝的哭闹,家长仍坚持让宝宝冷静以后再讲道理的方法非常可取。只是家长和祖辈一定要统一要求,坚持每一件对的小事,而且一定不能因为宝宝的一时哭闹而放弃要求。这样宝宝不合理的要求在谁的面前都得不到满足,自然慢慢就会减少哭闹的次数。家长也不要怕麻烦,每一次都要耐心给宝宝讲道理,让宝宝懂得多吃饭身体好的道理。同时可以在两餐之间加大宝宝的活动量,以增加宝宝的饥饿感。培养宝宝良好的饮食习惯也很重要,可以从就餐环境、饭菜色香、饭菜品种上下工夫。也可以让宝宝数一数家里进餐的人数,帮忙摆放碗筷,帮忙分一些好吃的,给大家介绍食谱等,让宝宝觉得进餐是一件很有意思的事。还要给宝宝少盛多添,当宝宝吃完自己的一份饭时,一定要给予宝宝表扬鼓励。

56 如何培养宝宝用勺子吃饭？

宝宝月龄15个月，吃饭时虽然我们给他提供了小勺，但他还是喜欢把小勺扔到一边用手抓着吃，我们劝说了好几次都不管用，如何培养幼儿用勺子吃饭呢？

宝宝不愿意用勺子吃饭的原因可能是小勺子碰疼过宝宝的嘴或是牙床，他怕了；也可能是宝宝还是喜欢吮吸，不习惯张嘴吃饭。还有一种情况是，孩子开始还是很想自己吃饭的，但由于他还不能做到口手协调，因而常常会吃得一塌乱涂，因而必须经过这种尝试训练才能学会吃饭。家长要容忍这段时光，之后宝宝就会轻松地学会用勺吃到饭菜。

在孩子吃饭的时候，父母应当给予他激励。另外不要在他饱着的时候再叫他多吃点，应当在他正需要吃饭的时分叫他本人吃。习惯用勺子吃饭的方法：应当先学吃固体的食物，学会之后再学喝汤等这类液体的食物。另外，不可强迫宝宝用勺子。大人可以买来色彩鲜艳、造型可爱的小勺子（必须是安全材料制作的）。在大人的看护下让宝宝拿着玩儿，吃饭时让他拿着小勺，大人给他做示范怎么张嘴，怎么把勺子放进嘴里，要快乐地教他，做出高兴咀嚼的样子。

57 宝宝有事没事都吃手怎么办？

宝宝15个月，有事没事都爱吃手指，有时手指还会被啃掉皮。家长无论怎么说，宝宝也改不了。该怎样帮助宝宝纠正不良习惯呢？

1岁多的宝宝正是乳牙萌出和生长的关键期，长期吮手指会影响乳牙的正常发育。有些宝宝吸吮手指时间长、力度较大，造成手指部位脱皮、结茧甚至变形。为什么会产生这种现象呢？调查发现，当宝宝处于缺乏安全感、情绪紧张、有饥饿感或长牙初期等状况下，都会引发吸吮手指现象。另外，宝宝断奶时，会对母亲乳头产生依恋，家长便会给宝宝使用安抚奶嘴。一旦不使用时，宝宝便会采取其他方式来满足自己的需要，便会吸吮手指。

1. 根据宝宝自身生长发育情况，科学合理地给宝宝断奶。宝宝一旦离开母亲乳头，就会把对乳头的感情转移到吸吮手指上。因此，建议家长要更多地运用转移、分散、吸引宝宝兴趣等有效方法，满足宝宝感情上的需要，使宝宝心理得到爱的安抚。
2. 让宝宝有事可做。当宝宝觉得无聊和孤独时便会吸吮手指。因此为宝宝创设安全、宽松、愉悦的环境，充分发挥好玩具和游戏的吸引力，宝宝就会与吸吮手指绝缘。
3. 睡觉时，让宝宝手握一件小毛绒玩具，听故事或轻音乐入睡，可以纠正宝宝吸吮手指的习惯。
4. 切忌用威胁、恐吓等极端的方式对待宝宝，如在手指上涂辣椒、抹红药水等，这样做反而会增加宝宝的心理负担，甚至引起其他伤害。
5. 用平和的心态面对宝宝。生活中抓住随机教育机会，以生动、拟人、趣味游戏等方式向宝宝讲述吃手指的危害，帮助宝宝建立自纠的信心。

58 如何训练宝宝走路？

我儿子1岁半了还不会走路，请问我该如何训练他？

一般情况下，宝宝从10个月到1岁8个月都属于正常的学步期，可能是有的同龄宝宝已经会走路了，于是您有些着急，感到奇怪："儿子1岁半了还不会走路"？要知道，孩子越小，个别差异性越大，稍加等待，您的宝宝就会赶上来了。

训练孩子走路还是要注意一些问题的。首先要把握好训练宝宝走路的最佳时期。训练孩子走路并不是越早越好，而是宝宝的腿部肌肉力量发展到一定程度才适宜，即当宝宝离开支持物（可能是成人的手也可能是其他物），能够独立地蹲下去、站起来并保持身体平衡的时候，他才真正具备基本的学步基础。如果您的宝宝已经超越了这一发展水平，您可以训练他走路了。请注意先培养孩子走路的兴趣，比如在地上滚动皮球或者放一个会跑的小玩具，刺激宝宝追逐的欲望；选择平坦好走的道路，维护宝宝的兴趣和自信心；最后还要"保护+放手"，学步的时候双手托着孩子的腋窝，防止关节脱臼，步伐稍稳后与孩子相距半米，在后面防止宝宝摔着后脑。同时做好心理准备，孩子不磕磕绊绊是学不会走路的。另外，如果条件允许的话，让宝宝光着脚在草地、沙滩上走走路，对宝宝的发育特别有好处。

59 宝宝四肢不协调怎么办？

宝宝17个月，经过观察，我发现他身体及四肢协调能力很弱，走路摇摇晃晃，速度很慢，像是不敢走的样子。我希望得到系统化、专业性的专家指导与帮助。

其实大多数刚刚会走路的宝宝，走起路来都会摇摇摆摆、歪歪倒倒的，一般情况下都是属于正常的现象，并不一定是大脑运动神经发育及平衡功能异常。首先，宝宝刚学会走路时，一般头部较大，身子较长，四肢较短，身体处于一种重心不稳的状态，即头重脚轻；其次，由于这个时期的宝宝的神经系统还没发育完善，大脑皮层兴奋容易泛化，腿部肌肉又缺乏力量，因此运动神经支配肌肉的运动能力也较弱。所以，在最初学走路时，他们并不能做到像大人那样，在身体重心发生变化时能及时调整姿态来保持身体平衡，往往以重心前移来带动身体移动，并需要身体其他部位的协助。

这样，宝宝在刚刚学走路时常做出两条胳膊和两条腿交错摆动的动作，还做出一些多余或胳膊和腿配合不协调的动作。为了加大脚的支撑面积，他们两脚之间的距离比较宽。由此，他们走路的节奏、步幅及速度都不均匀，表现出东倒西歪、摇摇晃晃、就好似小鸭子走路的样子。不过，随着神经肌肉功能的逐渐增强，宝宝的步态会变稳起来。

1. 尽早进行运动训练。锻炼孩子的平衡、协调性。孩子爬行可锻炼胸腹、后背和四肢的肌肉，增进肌力，促进骨骼生长。所以父母多为孩子创造爬行的机会，增强大脑对四肢的支配能力，提高身体的协调性。

2. 父母要降低要求，多给予鼓励。获得赏识是孩子心灵深处最强烈要求，当孩子有一点点进步时父母不要吝惜自己的语言，要多多表扬孩子。

鼓励孩子去实现更高的目标，而且孩子年龄越小越需要要赏识和激励。

3.父母要做好持之以恒，有长远目标的准备。人的身体各器官发育成熟需要一个时间阶段，孩子的个体差异也决定着产生效果的早晚。所以近期看不到效果也不要着急，只要做好长期坚持的准备，坚持到底必能得到理想的结果。

60　如何提高宝宝的运动水平？

> 宝宝22个月。宝宝在运动方面不是很好，具体表现为：学动作比较慢，而且"四不像"，特别是在精细动作方面，比如现在还不会用手指表示数字1—10。如何提高孩子的运动能力？

要知道，人一生的能力、智力等的获得，都建立于早期的学习中，虽然1—3个月的小宝宝，看起来只是一个知道吃、喝、拉、撒、睡的"小傻瓜"。但是，要知道，宝宝其实是正在学习呢！如果此时家长能用心地、科学地、有目的地对小宝宝进行培养、教育，相信宝宝一定会获得最初的印象学习，这对孩子以后的学习以及身体、智力、能力等的发展有着很重要的作用和意义。

家长反映宝宝在运动方面不是很好，具体表现为：学动作比较慢，而且"四不像"。其实宝宝在22个月这个阶段还不能对事物把握得很准确。动作慢不代表不会学或者学不会。慢也可能是家长平常做事情就不快；也可能是宝宝自身协调性差；或者是家长的要求过高导致家长认为自己的宝宝有上述表现。家长反映宝宝在精细动作方面发展得慢，比如现在还不会用手指表示1—10。宝宝22个月大，手指抓握的顺序发展为5—3—2，即大把握为5，拇指、食指、中指相碰为3，拇指、食指相碰为2，任何人都要经历这样的抓握顺序。而家长要求22个月的宝宝做到用手指表示1—10的数字超过了正常的要求。第一，对于宝宝来说，10个数的表示超出了宝宝接受范围；2—3个数适合。第二，用手指表示数字没有太多意义的发展。如果家长想锻炼宝宝的精细动作，可以做一些游戏如"拣豆豆"、"贴贴画"、"撕纸"、"手指画"等，都可以达到锻炼的目的。第三，孩子对枯燥的手指表示没有兴趣，也会导致宝宝会不愿意做出动作。

61 宝宝为什么总是闻着小被子才睡觉？

宝宝19个月，总是喜欢闻着自己的小被子睡觉。妈妈看到被子脏了，就去洗了，睡觉时宝宝找不到自己的小被子了，大哭起来。妈妈怎样哄也不行，只好给她拿回来，宝宝抱着小被子很快就能安静地睡着了。妈妈想纠正宝宝改掉这个习惯，该怎么办呢？

依恋是宝宝转向独立的第一步。宝宝的依恋对象不仅是亲人，也会是一些喜欢的玩具或者是舒服的小被子等物品。依恋物品是宝宝心理需求的一种表现，这种依赖给宝宝带来一种安全感。而这种现象，在宝宝2岁左右达到高峰，此阶段的宝宝对失去感和拥有感的反应最为强烈。依恋情结有助于宝宝的心理生理健康。这种依赖随着宝宝独立性的增强、语言表达能力的提高会逐渐消失。

对于有恋物情结的宝宝，家长平时多给宝宝多一些拥抱，多拍拍宝宝的背部，让宝宝有安全感。可以陪伴宝宝睡觉，用讲故事等有趣的形式让宝宝获得愉快感，从而转移他对物品的依恋。也可以准备一些迁移物，如两三条小被子，让宝宝难以对某一个物品情有独钟。多带宝宝到外面玩，多接触一些小伙伴和新鲜事物，以减少宝宝的依恋。家长不要采取粗暴的方式否定宝宝的依恋物，这样会让宝宝遭受严重的挫败，产生强迫分离和背叛感，使宝宝心理受到伤害并留下不可磨灭的阴影，对宝宝的成长非常不利。

62. 怎样对付暴脾气宝宝？

我的烦恼

宝宝刚2岁，脾气急，要什么东西，家长必须马上给她拿来，否则就会大发脾气并且哭闹不止，有时还会用手在墙上门上乱拍来发泄。家长哄她，她会用手抓家长的脸。父母非常着急，对她没有办法，怎么做才好呢？

为您点拨

宝宝爱发脾气的原因有很多，多因为需求没有得到满足而发脾气。许多家长总是处在满足宝宝的状态中。家长对宝宝过度呵护，使宝宝的自我意识很强，一有需要就马上满足，造成宝宝对于自己想吃的或想玩的东西根本没有耐心多等待一会儿，经常处在这样的情况之中，如果父母的动作稍慢一点，宝宝就大哭不止，宝宝会因为不能延迟满足而发脾气。

为您支招

作为家长，一定要有意识地培养宝宝的延迟满足能力。从小给宝宝一点挫折感，让他学会等待。使用延迟满足时，宝宝会哭闹，家长要想办法分散宝宝的注意力，并且让宝宝明白哭闹是不起作用的。有的宝宝乱发脾气是由于受到忽视，对于这样的宝宝，要安抚并转移其注意力。宝宝越小，情感越不稳定，注意力也越容易转移。当发生不愉快时，家长可以采用活动转移法，让宝宝在游戏活动或体育活动中宣泄内心的不快。家长一定要从爱心出发，从感情上安抚宝宝，哄劝宝宝不哭；要有耐心，千万不要训斥指责，更不能动怒打骂，否则，宝宝的脾气只会愈来愈暴躁。

63 宝宝为什么不如意就坐地上?

宝宝现在20个月,是男孩。宝宝18个月时,如有不随他心愿或制止他的一些行为时,他会坐在地上"示威"或是"威胁"。这时他的表情似乎很生气,瞪着眼望着你。大人迫于地面比较凉就抱起他。可是抱起来,他还往地上坐。后来我们就采取"冷处理",转身离开,在别处暗暗观察。通常这时他就自己起来了。可是最近一段时间,他自己爬起来回到大人身边后,又坐在地上。于是我们只能再次"冷处理",更有甚者,他还会趴在地上,一动不动。应该怎么做呢?

这个年龄段的宝宝会尝试不同的行为,能根据他人的反应坚持或调整自己的行为。宝宝已经有了初步的是非观念,知道什么是对、什么是错,对于宝宝现在的行为家长的"冷处理"非常有效。

宝宝很聪明,一再试探大人的底线,所以,家长一定要坚持正确的要求,不能因为一时的心软,在给宝宝养成好习惯时帮了倒忙。我们常说一个好习惯的养成比一个坏习惯的纠正要容易得多。家长也要学会有条件地让步,但要坚持底线不放松。也可以在做事之前和宝宝商量,达成一致的要求以后再进行活动。一旦双方商量好,就一定要执行,说话算数。这样,在商量的过程中,宝宝可以自己发表意见,他觉得自己被尊重了,就会慢慢控制自己的行为。家长也可以告诉宝宝,有什么要求可以说出来,但如果在地上坐或者打滚、趴下,就什么条件都不能答应。在宝宝遵守双方的约定后要及时给予宝宝表扬鼓励。

64 如何控制宝宝过于兴奋的情绪?

宝宝18个月，平时不管什么事情，只要看见了就特别兴奋，特别是对声音一类的东西。比如用夸张一点的表情或语气跟他说话，他就马上兴奋大叫起来。不管奶奶怎么控制都不起作用，好一阵才能缓解。

孩子容易兴奋并不是严重问题。18个月的孩子对情绪的掌握能力还处于发展阶段，出现兴奋并难以抑制的情况并不特殊。孩子出现这种行为是因为：首先，孩子对外界刺激比较敏感，容易被他人的行为和态度调动情绪；其次，孩子较强的表现欲望，希望得到家长更多的关注。

建议家长适当增加孩子情感表达能力和情绪控制的训练，使孩子明白如何正确地表达情感，如何合理地控制情绪，什么时候做什么表情，采用什么态度。家长也不必斥责或处罚他，可以"忽略"他一下，不要过分在意他的表现，让他去做别的事。这样，孩子很快就会平静下来。关键是平时家长要多注意孩子的行为，多给他们独立活动和取得成功的机会，让他们的能力得到充分展示。

65 怎样调教坏脾气的宝宝?

宝宝20个月,脾气特别不好,刚来亲子班就推人、咬人,与别的小朋友抢玩具。当孩子发脾气时,我们应该如何对待孩子?

孩子在2岁左右爱发脾气是一种正常现象。因为这一年龄段的孩子易冲动,自制力差,对挫折的容忍程度是有限的。孩子要到外面玩,家长不允许,为什么不允许,他不明白,有可能就要通过发脾气的方式表达自己的感情。而4岁以上的孩子,对挫折有了一定的控制能力,初步明白了一些事理,如果还频频哭闹、经常发脾气,其原因大多在家长身上。说明家长教育孩子的方法存在问题。

脾气发作不仅严重损伤孩子的情绪和生理状态,而且也使家长狼狈不堪,感到很棘手。所以您要想方设法制止孩子哭闹、发脾气。怎样制止呢? 首先,家长的教育态度要一致。当孩子发脾气时,千万不要在成人中间形成几派,有人不理睬,有人去哄劝,有人离孩子而去,还有人跑到孩子面前讨好,更不要当着孩子争论。成人彼此一定要沟通好,一旦孩子发作,全家人采取一致的态度。否则他就会更加哭闹不止。同时,家长切记自己不要经常发脾气。有一次在商场的玩具部我看到了惊心动魄的一幕。有个妈妈突然抬高声音说:"上个星期刚买过,又要买。"俨然在告诉大家,我的孩子不讲理,我不给他买的原因是刚买过,不是不给他买。我觉得这个妈妈有点心虚,不给孩子买玩具有什么丢脸的? 不买就是不买,给孩子讲清道理就行了。可她的方法有点走样,而孩子又非要不可,她就拖着孩子向外走,孩子则闹着往里拽。妈妈脾气大发,"啪啪"打了孩子两下,孩子哇地哭了起来。于是,这个妈妈不由分说拖着哭着的孩子慢慢消失在人群中了。有了这么一个爱发脾气的妈妈,不想孩子发脾气都难。因此,为了培养孩子良好的性格,不乱发脾气,家长一定要以身作则,为孩子创设一个良好的家庭环境氛围,让孩子保持积极情绪,控制不良情绪的爆发。

宝宝不顺心就发脾气怎么办？

我的烦恼

儿子现在一岁八个月，我对他的干涉较少，除非是有危险的情况我才会去阻止，最近我发现他的脾气好像很大，要是有什么事情不顺着他，就会大哭发脾气！我和我先生都很苦恼，不知道应该如何处理。

为您点拨

您和先生对宝宝爱与自由的把握还是不错的，您没有因为危险而过分限制孩子的活动，也没有因为自由而忽略对宝宝的保护，但是最近宝宝的脾气变大了，并不是您的教育态度导致的，而是宝宝有了新的发展和变化。因为您的宝宝已经喜欢在自由的空间自己探索，所以他养成了独立自主解决问题的态度倾向。

为您支招

随着年龄的增大，宝宝探索的问题更多更复杂，他感觉独立自主也解决不了问题，所以他产生了挫败感，就会大哭发脾气。可见，过于独立自主的人容易跟自己叫真叫劲，有时反而想不起来主动向别人求助了，旁边的人也没有及时发现他需要帮助，以为他能自己解决呢。可见，家长要根据宝宝的情绪和行为反应善于发现他遇到的困难，在适当的时候询问宝宝是否需要帮助，让宝宝体验到还有一种解决问题的好方法就是向他人寻求支持和帮助，宝宝将从中重塑自信与快乐。

67 怎样"降伏"淘气的宝宝？

宝宝19个月，性格活泼、好动。有时候十分的淘气，有时淘得有些离谱，作为家长看在眼里急在心里。轻声引导宝宝的行为，他根本听不进去，甚至会把问题更加严重化，有时我们就会说些"警察来啦，看门老爷爷带走啦"之类的话吓唬他。说些这样的话语，宝宝还算能听得进去。但时间长了也就不管用了，因此我们想知道，这样引导孩子算不算正确，还有没有更好的教育方法来让宝宝听话呢？

19个月的孩子正是活泼好动的阶段，完全让孩子安静下来是不合理的。同时，家长采用的引导方式也不太合理，轻声引导的方式并没有达到效果，因为幼儿这个时候语言能力还没有完全掌握，可能孩子并没有完全理解家长话语的内容，但是记住了家长温柔的态度，认为这是对他淘气行为的鼓励，结果适得其反。恐吓欺骗的行为更应该杜绝，因为孩子已经有了一定的判断能力，经常的恐吓欺骗不但不能达到目的，反而会降低家长的可信度，而且还会使家长的教育过程事倍功半。

首先，减少不合理的教育方式。当孩子有不良行为出现时，家长应对错误的行为不予理会和关注，避免孩子对这个错误行为加深印象，而孩子做出家长希望看到的行为时立刻表扬，给予奖励，加深孩子对正确行为的印象，鼓励孩子多做类似的行为。

其次，引导孩子行为方向，19个月的孩子精力毕竟旺盛，家长可以适当安排孩子参加一些运动量合适的户外活动，可以转移孩子的注意力，并且避免孩子因为精力旺盛无处发泄而刻意淘气希望引起家长注意的情况。

宝宝太调皮怎么办？

宝宝20个月了，太调皮了，有时我忍无可忍打他两下，吓唬吓唬他，但他会还手，而且他不高兴时也会莫名其妙地拿我们撒气，动手打我们。我们该怎么办呢？

对于调皮的小宝宝，"打"和"吓唬"不但是最无效的办法，而且对宝宝还有不良的示范作用，因为调皮的宝宝也很聪明，有旺盛的精力和较多的需求，"打"和"吓唬"都是用简单粗暴的方式遏止宝宝的需求和行为，宝宝的游戏愿望并没有得到满足，所以他会尝试更多的办法继续调皮，甚至模仿家长的方式，"打"和"吓唬"家长。

应对宝宝调皮的基本方略有两种，如果家长精力比较充沛或比较方便，就正面引导和满足宝宝的游戏，例如有的宝宝喜欢拽别人的头发，这是让人不舒服而不受欢迎的行为，但说明宝宝对细长的线绳感兴趣，他想通过"拽"的方式来感知这一事物的特征，家长就可以拿一个替代物（玩具娃娃的假发或家里的废旧毛线）满足宝宝的这一兴趣。如果家长比较疲劳或不方便，就把宝宝抱走，让他玩其他游戏，分散宝宝的注意力即可。

69 怎样把儿子培养得具有男孩儿特质？

儿子1岁4个月，特别像个女孩子，长像也是，玩的时候不是特顽皮的那种，平时比较文静，说话柔柔软软，只会叫妈妈、婆婆、姐姐，说一些非常简单的常用词语，比如要吃奶时会叫奶奶，要吃菜时会说：妈妈，吃！对于这么大的孩子只会说这些是不是太简单了一些呢？我应该怎样做才能让他具有男孩子的特质？

两岁以内的孩子一般还不会说完整句，只会说一些单词，他还处于积累语言素材的时期，日常生活丰富的语言环境有助于他对语言的理解，大约两岁以后，随着发音器官和发音技巧的成熟，他说话的能力就会迅速提高，这时候男孩女孩的差异不大，两岁以后他们开始逐渐拉大差异。

男孩女孩的差异首先表现在玩具上，女孩子喜欢一些安静的布娃娃，男孩子喜欢具有动感的车、船、飞机和枪炮，家长可以为宝宝买这样的玩具。男孩子还应该体现得更加主动、活泼、大胆、动感。当宝宝走路扎实了，家长要带领宝宝多运动，使他的身体棒棒的；还带领孩子多出去见世面，使他的言行大大方方的；随着宝宝渐渐长大，再培养他关心别人的儒雅风范，长久以往，宝宝一定会成长为一个可爱的阳光男孩。

1—2岁

70 怎样引导多愁善感的娇气宝宝？

宝宝21个月了，可最近不知道为什么，只要他的要求得不到满足就会哭，或生气躲到某个角落。我怕他以后老是这个样子，变成个多愁善感的娇气宝宝。我在生活中该如何引导呢？

21个月的宝宝正是情绪情感发育的关键时期，也是培养宝宝学习调节情绪的好时机，情绪调节水平的高低会影响以后积极性格或消极性格的形成。

当宝宝哭或者躲到某个角落的时候，家长首先帮助宝宝认识自己的情绪，家长蹲下来，看着宝宝亲切地问："宝宝哭（或不高兴、生气）了，是吗？"这种询问也让宝宝觉得自己的情绪被家长接纳了，他会放松很多，有的宝宝甚至委屈地依在家长怀里。家长再把宝宝抱起来，或者搂着宝宝说："没关系，家长与宝宝一起想办法。"把问题解决之后再对宝宝说："看，有家长的帮助，宝宝不用怕！"学会求助是宝宝面对困难的积极态度，随着宝宝渐渐长大，家长逐渐培养宝宝的自理能力，锻炼他的自助意识与能力。

71 怎样对付逆反的宝宝？

宝宝1岁多了，脾气越来越大，逆反心理特别强。凡事都有自己的主意，不听劝解，有时甚至故意和大人对着干。如果宝宝不想洗脸，他就会以咬手来抗争，东西掉在地上，不让家长帮着捡起来，否则扔回地上自己重新捡起来；叫他坐下吃饭他还爬到凳子上把勺子举得老高。

1岁半以后，宝宝就进入了所谓"第一反抗期"。这个年龄的宝宝自我意识开始萌芽，有很多事都会按自己的认识去做。但由于神经系统发育还不完善，生活经验少，往往做出一些家长认为不合情理的事。宝宝经常说"不"，并不是毫无道理地抵抗，而是在坚持自己的主张。如果这些主张得以实现，对于宝宝"自我"的确立非常重要。但是，由于语言表达能力的贫乏，宝宝只会说"不要"和"自己做"，很难将自己的想法完整地传达给家长，而被误以为是在"反抗"、"任性"。所以，宝宝这个时期的反抗表现是宝宝自我发展的必经阶段。

这时家长应该给予宝宝多一点理解，多一些沟通，尽量满足宝宝的合理要求。当宝宝有不合理的要求时，家长可以采取转移注意力或冷处理的方式去缓解。比如家长可以先不理睬他，等他情绪稳定下来再和他讲道理，或者可以带他去做一件他喜欢的事。随着年龄的增长，宝宝就会慢慢有所改善。但在这个过程中家长一定不要用打骂、恐吓的方式对待宝宝，否则只会延长宝宝的"叛逆"期，对宝宝的成长不利。

72 宝宝与家长对着干怎么办？

宝宝两岁，最近一段时间在家里总是我行我素，听不进家长的话，总喜欢和家人对着干。在家里喝水的时候，妈妈提醒宝宝，把杯子拿好了喝，并告诉宝宝从现在起就要学习用杯子，可是宝宝听完后，马上就把杯子扔在了地上，扭头就走了。

2—4岁是儿童心理发展的一个重大转折期。此时，宝宝的自我意识进一步发展，独立性开始增强。父母会发现，这个时期的宝宝不像以往那么听话，经常和大人"闹独立"，力图摆脱大人的约束，他们对一切事物都想亲历亲为、弄个明白。但是，宝宝的语言表达、行为控制能力还较弱，当家长限制他们的独立行动时，他们往往会以发脾气、与家长对着干来表达自己的不满。

这个时期的宝宝动作和语言迅速发展，具备一些能力去做自己愿意做的事情。但家长往往认为宝宝还小，喜欢包办代替，与宝宝形成矛盾。其实家长不妨利用宝宝的积极性，发展他的能力，满足他的心理需求，这对宝宝心理健康成长有重要的作用。另外，让宝宝做事，一定要符合宝宝的接受水平，过高过难，宝宝达不到，会影响宝宝的情绪。

当宝宝遇到困难时，家长要表示关切，适时帮助，让宝宝感到自己能够做好而努力去做，并得到满足，这样宝宝在体会成功、快乐的同时，也能减少和家长的对抗。

当宝宝因自己的要求得不到满足而使性子时，家长不要迁就，要讲道理、转移注意力或者冷处理，当宝宝做出让步之后，家长可以再向宝宝解释为什么不能这么做的原因，让宝宝明白他的不合理要求是不会被家长接受的。

73 宝宝总与家长唱反调怎么办？

宝宝23个月，是女孩。宝宝进入20个月以后，一改平日的温和，总是和家长唱反调。妈妈说睡觉前不可以吃糖，她却一定要吃；妈妈说天冷不可以穿裙子，她却偏偏穿裙子；让她和邻居打招呼，她却扭头跑掉了——其实宝宝一直都很乖，不知道怎么忽然就像变了个人，面对这样逆反的宝宝，家长应该怎样引导？

这个年龄段正是宝宝的第一心理对抗期，她什么事情都希望自己来，独立性增强。并希望自己的行为受到认同，探索活动不受限制和干涉。但顽固性、对抗性、冲动性等消极的意志品质也会出现。

这个时候成人的指导非常重要，家长要重视每一件小事，耐心帮助宝宝分清对错，克服任性和执拗。在宝宝做事时要尽可能多地让宝宝在有条件的范围内自己选择。首先，采取后果体验的方法：宝宝非要接热水，可以告诉她热水烫人会很疼，如果一定要接，烫了以后不要哭，可以试着让宝宝触摸一下，再告诉宝宝可以和家长合作，大人接热水，宝宝自己倒温水，这样有条件地让步，既避免了危险，又让宝宝自己进行了尝试，宝宝会欣然接受。其次，采取合理满足的方法：宝宝不愿意按照家长的要求和别人打招呼，可以给宝宝几种方法，微笑、招手、拉手、点头、问好都可以，让宝宝自己选择和别人打招呼的方式，宝宝的心里会舒服许多。最后，可以采取说反话的方法：如果想带宝宝出去玩，又怕她唱反调，则可以说："妈妈要出去玩，宝宝在家里玩吧。"要吃饭了，可以说："今天的饭菜真香呀，妈妈自己吃，宝宝不要吃了。"等等。帮助宝宝顺利度过这个心理叛逆期，等宝宝的自主需要能够得到满足后，就一定能为获得成人的表扬而约束自己的行为。

74 宝宝见东西就要求买怎么办？

我的烦恼

妈妈平时喜欢购物，经常带着自己2岁的女儿，但宝宝每次都要买一个洋娃娃才肯回家，似乎养成了这个坏习惯，不买就躺在地上打滚，不肯走。妈妈觉得很为难，也很没面子，因此每次到最后都向宝宝妥协了。

为您点拨

宝宝在消费过程中，控制不住自己的欲望，一是由于宝宝的好奇心和占有欲，宝宝会被丰富多样的商品吸引住；二是宝宝根本不明白钱是什么，也不明白他想要的东西，具体能够给他什么。

其实宝宝在很多时候想要买东西，他自己都不知道为什么要去买这个东西，有时只是出于一种心理上强烈的占有欲和冲动，买到后可能马上就从心理上对这个物品的情感就淡了。

为您支招

好习惯要从第一次上街购物时就养成，一定要事先与宝宝商量好今天买什么东西，对于大一点的宝宝，家长可以在宝宝买东西前，引导宝宝先考虑几个问题：第一，我买它是干什么用的；第二，我上次买的用完了没；第三，我不买会怎么样。引导宝宝渐渐地学会思考后再买东西。

对于宝宝的哭闹行为，家长态度必须坚决，说好了就不要因为宝宝的哭闹妥协，否则前功尽弃。同时家长要学会转移宝宝的购买欲望，当宝宝提出不合理的消费需求时，家长可以把宝宝的注意力转移到合理的购买需求上来。有时也需要灵活应对，必要时可以让宝宝只选一件或是在家长指定的两三件物品中选一件。这样一来，既不伤害宝宝的感情，也会阻止宝宝的浪费消费。

75 宝宝动不动就哭怎么办?

宝宝23个月,是个男孩。宝宝语言发展的相对缓慢些,家里人又比较疼爱,有时明知有些做法不对,但因为不忍心看着他哭,也就顺着他了。结果就导致他现在特别固执,做任何事情都要按照他的意愿,动不动就哭。比如不到时间他想喝奶,不让喝就哭,该吃饭时他还要继续玩玩具,不让玩也哭,总之,一不如愿就哭。而且和他说话时只要和他的想法不一致,叫他时他就和没听见一样,再次叫他时肯定就会放声大哭,我们一心疼也就又顺着他了……

快2岁的宝宝已经有了初步的是非观念,知道什么是对、什么是错。但现在很多宝宝都会使用"哭"做法宝,这就是每一件不合理的小事,没有引起家长的高度重视而形成的。宝宝没有从成人明确的态度中分清对错。现在宝宝快2岁了,任性问题一定要引起家长的重视了。

要想避免宝宝因任性而哭闹,一定要在宝宝进行活动之前提出要求并和宝宝进行商量,提出具体要求。比如:宝宝要玩一个玩具,要和宝宝商量,现在玩这个可以,那玩到什么时候,是妈妈做好饭时还是爸爸下班回来时,一定要具体。宝宝答应了再给他玩儿,而且说话要算数,告诉宝宝如果到时间了不停止,以后就不能再玩了。刚一开始宝宝还会哭,但这是关键时刻,家长一定要坚持,对宝宝的哭闹采取"冷处理",等宝宝情绪平静以后一定要讲道理。这样每一件小事不怕麻烦地商量,宝宝觉得他有自主权了,情绪会好很多,也就容易接受家长的要求条件了。而且,宝宝只要说到做到了就要及时表扬或者奖励,让宝宝逐步学会对自己的行为做出调整和正确的评价。家长还要树立正确的榜样,不能随便许愿,一定要说到做到,这样宝宝才会慢慢学会增强自制力,变成一个通情达理的好宝宝。

76　怎么才能让宝宝多说不哭？

儿子现在1岁3个月了，比较喜欢哭，一旦目的没达到或不满意就哭，问他也不说，我是一个性子急躁的人，一听到他哭就好烦躁的，有时候就会骂他打他屁股，这时他哭得更厉害了，真不知怎么才能让他用说而不是哭。

众所周知，完成一件事需要三个基本能力和环节，即发现问题、分析问题和解决问题，对于宝宝来说也是如此，这么小的宝宝还不具有分析与解决问题的能力，需要家长的帮助和指导，但他首先具备了发现问题的能力，不会说话的宝宝主要是靠"哭"来发现问题，当他身体不舒服、遇到困难、有某种需求、表达某种情绪，都是用"哭"来传递信息，如果家长不让宝宝哭，就是不让宝宝发现问题，或者对宝宝发现的问题视而不见、听而不闻，那宝宝岂不是面临更大的困难？所以即使性子急躁的家长，也不要打骂宝宝，否则宝宝更加委屈，哭得更加厉害，这对他的心理健康发育极为不利。

家长应该帮助宝宝说出他的需求，对他进行安抚，帮助他解决问题，同时也有助于发展他的语言。1岁3个月的宝宝已经能听懂基本生活语言，只会说一些单词，一般不能说完整的简单句，这时候家长帮宝宝说出他的心里话，说对了就让宝宝点点头，说得不对，家长继续翻译和解读宝宝的心理密码，家长的耐心解读会换来宝宝的安静和镇定，以后他渐渐就会用语言而不是用哭来表达需求了。

0—3岁婴幼儿早期教育百问百答

77　怎样让宝宝爱笑？

我的宝宝很聪明，对什么事情心里都明白，别人逗他，他也很高兴，眼睛炯炯有神的，精气神儿很高，但就是不爱笑，其他小宝宝都比他爱笑，这是为什么？怎样让宝宝爱笑？

每个人表达情绪的方式会有所不同，这是人的个性不同导致的。例如，同样是奥运会乒乓球世界冠军，王楠爱笑，张怡宁不爱笑，其实她俩的心情是一样的高兴和激动。您的宝宝用激动和专注的眼神表达了自己的高兴，与手舞足蹈、眉开眼笑所传达的情绪情感是一样的，说明宝宝的情绪体验并不缺失，所以您不必担心。

当然，爱笑的宝宝特别讨人喜欢，这是人之常情，家长自然也希望自己的宝宝爱笑。比较好的办法是多为宝宝示范表情丰富的笑容，家长号召全家人都要笑脸对待宝宝，遇到好笑的事情就在宝宝面前哈哈大笑；对着镜子让宝宝看"笑家长"和"哭家长"的不同表情；从互联网上下载"笑宝宝"和"哭宝宝"的图片，指给宝宝看。这些办法都是丰富宝宝对笑的感知，这对宝宝识别情绪符号、加强情绪记忆、建立积极的情绪加工模式，都将产生积极、深刻的影响。

78 男孩子胆小,怎么办?

宝宝现在22个月,男孩子,性情比较温和。一直以来我们都发现他有点胆小,突然的大一点的声音都会吓到他,新的事物也容易让他觉得害怕,我该怎么办?

家长大概都希望男孩子比女孩子更加大胆和勇敢一些,但是对婴儿来说这个要求还比较高,因为男性并不必然比女性对外界刺激有更强的抵抗性。有一项研究发现,不管是成人还是儿童,面临同样紧张可怕的场景,虽然在外表行为上,女性表现得比男性夸张一些,但男性和女性的生理反应指标都是一样的,尤其是像声音这样的物理刺激,更是如此。

乐音和普通声音能给人带来安全感和愉悦,噪音和巨响能给人带来烦躁和恐怖。对小宝宝而言,声音的大小不但会影响宝宝的心理感受,还会直接影响他的身体健康。按国际标准规定,居住处的噪音白天不能超过45分贝,夜间不能超过35分贝,超过70分贝的噪音会对宝宝的听觉系统造成损害,80分贝以上的声音会使宝宝产生头痛、头昏、耳鸣、情绪紧张、记忆力减退等症状,长此以往还容易出现激动、缺乏耐受性和睡眠不足。所以,宝宝的成长需要一个安静安全的生活环境,不必以抵抗声音的高低来判断和培养宝宝的勇敢品质。家长应该从宝宝大方地待人接物、自信地克服困难等方面进行勇敢品质的培养,提高他调节心理刺激的水平。

79 宝宝在外面特别怕生怎么办?

宝宝14个月,女孩,她是家里的"小演员",可在外人面前却胆怯很多。老师在入户指导时来到了她家,面对着几个陌生人和照相机,宝宝一下子钻进了妈妈的怀里,脸上流露出焦虑不安的神情。本来可以表演的拿手好戏——用杯子放在嘴上当麦克风"唱歌",也"罢演"了。弄得老师只好先"撤退"到客厅,让妈妈先逗她玩,等她慢慢恢复常态……

12—15个月的宝宝,害怕陌生人和陌生的环境,对熟悉的家人有很强的依恋感,这是宝宝的正常发展指标。家长要运用各种游戏或活动的机会,有意识地扩大宝宝的社会交往范围,让宝宝和同伴及其家长多进行接触,提高宝宝对陌生人和陌生环境的适应能力。

要想让宝宝在外人面前表现得大方,就要多给宝宝提供在众人面前表现的机会,但绝不能给宝宝压力,家长千万不要总当着宝宝的面说她胆小,或者说"宝宝在家会表演,出来就怎么就这样啦"等类似的话。一定要让宝宝自然地表现,可以先在宝宝面前放上她熟悉的玩具当观众,让宝宝进行表演,并及时给予表扬鼓励。之后,可以根据宝宝的表现,慢慢地、依次地增加家里的长辈亲戚和她的玩伴当观众,还可以鼓励宝宝和同伴一起玩时进行表演比赛。在有外人的时候,父母可以和宝宝游戏比赛,家长先进行表演,为宝宝进行示范并引发其积极性,也可以有意识地假装忘记歌词了,让宝宝提醒,再夸奖宝宝真棒,以增加宝宝的自信,然后和宝宝一起表演,最后再让宝宝单独表演。这样自然过渡,让宝宝将在外人面前积极表现当成在做游戏,慢慢地宝宝就不会再胆怯了。

宝宝为什么只怕个别人？

我女儿1岁5个月了，最近两三个月,看到个别人就大哭起来，特别怕，特别恐惧的样子，我们楼下有个叔叔，她小的时候还常常让他抱，她也和他玩，可现在看到他就躲，用手捂住眼睛。这是怎么回事呢？

6个月至2岁的宝宝处于依恋关系单一化的情感发展时期，离开依恋对象她就会感觉不安全并产生焦虑和害怕的情绪，这一阶段的宝宝会强烈地依恋某一个家长，同时强烈地拒绝其他人，但是宝宝的这种选择性和暂时的回避态度并不是在任何时候都以同一程度出现。

当宝宝心情很快乐、很放松的时候，她对外界人物的接纳程度就大一些，心理设防也弱一些，但是当她还没有做好接纳外人的心理准备时，外人越热情她越退缩，甚至出现害怕的情况。这时候，家长不要认为宝宝这样没有礼貌，不给大人面子，进而强迫宝宝接受外人，这会使局面变得更加难堪，宝宝不但不配合大人，而且会更加强烈地拒绝别人，她的挫折感也更强，所以家长要理解宝宝的心理，巧妙地替宝宝说一声"叔叔再见"，到其他地方玩。虽然如此，家长还是要经常带宝宝出来走走，过一段时间，她就会建立对外界的安全感和信任，也敢于与外人交往了。

81. 宝宝怎么无缘无故就打人？

宝宝有时候玩着玩着就跑过来打人，有时会趁着家长不注意推其他宝宝。家长教育他时，宝宝不予理睬，还会去打人。出去玩时总爱抢别人的玩具和东西，自己的玩具不要，每当家长和宝宝讲道理，宝宝就装作没听见。

两岁宝宝正处于叛逆期的敏感期。这个年龄的宝宝自我中心性突出，有较强的与人交往的愿望，但是由于表达、交往技巧与能力的不足，造成想要的东西得不到，宝宝又不会"要"，于是就出现打人、"霸道"的现象。此时宝宝的语言功能发育得还不完善，当他有了想法、要求却说不清楚，当别人没有按照他的想法去做时，就会出现打人、咬人等现象。

宝宝这种行为表现初期，如果没有得到家长及时有效的引导，宝宝便会更高频次地表现出这种行为。家长在平时可以多给宝宝一些关爱，满足宝宝的合理要求。家长对宝宝的正确引导，可以教他用语言表达自己的情绪和要求，例如：应该怎样和别人打招呼，怎样与同伴表达自己的想法，学会商量。另一方面，在宝宝有这种反社会行为出现时，家长要表现出冷淡的态度，让宝宝从冷淡中得到心理上的惩罚和约束。同时还要起到榜样示范作用，家庭成员之间以商量、征求、询问等方式交流、表达，尤其是在宝宝面前更应强化表达的方式方法，创设一个民主、平等、愉悦的家庭环境。

82 宝宝乱扔东西怎么办?

宝宝18个月,在参加亲子活动玩海洋球时,宝宝总是把球扔来扔去,有时候扔得满地都是,家长总是很辛苦地一次次把球捡回来。宝宝在家里面也是这样,喜欢故意往地上扔,然后看着爷爷奶奶一遍遍地捡回来还给他,然后再扔掉。

扔东西是1岁多宝宝所具有的年龄特征,宝宝的好奇心和探索欲望处于不断发展的过程中。宝宝对自己动作所引发的结果很感兴趣。往地上扔东西是宝宝智力发展的一种现象,他在进行一种动作的尝试:体验东西从高处落地的感觉;发现东西掉到地上的状态,这些现象都会强烈地吸引宝宝。有时候宝宝扔东西是为了引起家长的注意,或是宣泄自己的情绪,有时则是和家长逗着玩,也是一种交流、沟通、互动的方式。

家长可以给宝宝准备一些可以扔的玩具,如毛绒、布艺等不易碎的投掷玩具。当宝宝扔下东西后,家长不要急于替宝宝捡回来,而是以游戏方式引导宝宝自己拿回来,并给予鼓励和赞赏。随着宝宝年龄的增长,还有随便扔不应扔的东西的习惯时,家长就要对宝宝这种行为加以限制,告诉宝宝哪些物品是不能扔的,会出现什么样的危险。当宝宝要扔东西的时候,家长可采取转移宝宝的注意力等方式,带宝宝去做其他的事情。如果宝宝是想逗家长玩时,家长可以向宝宝说收拾东西很辛苦,然后和宝宝一起捡起来。建议家长多以游戏、拟人、模仿等方式进行宝宝养成教育。

83 宝宝喜欢让我和他一起扔东西怎么办？

儿子快到1岁4个月了，最近特别喜欢丢东西，把桌子上的东西都丢到地上。但让我迷惑的是，他每次丢完了都要让我去重复他的动作，如果我没有按他的要求重复他的动作，他就不高兴。我到底应不应该每次都满足他呢？

1岁多的宝宝有一个心理特点就是喜欢一些重复的动作，他先是独自一人重复一个动作，从中感知事物的特点，也感受到自己能驾驭某一事物的能力。接着他希望与别人一起反复玩一个游戏，从中建立一个与别人分享的精神世界，这是他智力发展水平提高的表现。但是这种简单重复的游戏对于成人来说显得比较单调甚至无聊，有的家长还担心这样顺应宝宝会助长他有求必应的坏习惯，实际上并不尽然。

在健康成长过程中，家长要帮助宝宝理解和建立两个领域的行为规则，一个是游戏领域，一个是生活和学习领域。在游戏领域里，规则由游戏者根据彼此的愿望和兴趣进行确立和调整，双方的配合是暂时的、灵活的，一般情况下都是顺从宝宝的意愿；而在生活和学习领域里，规则是约定俗成的，适用于所有人。因此，当家长陪宝宝玩的时候，就顺着宝宝的兴趣和爱好，玩得痛痛快快；当生活和学习的时候，不宜处处迁就宝宝，这样会使他形成不好的行为习惯；如此长期有区别地教养会帮助宝宝明白了玩是玩、学是学，两个不同领域应该有不同的行为规则与方式。

84 宝宝占有欲望太强怎么办?

宝宝20个月,是个女孩。我带宝宝做客时,会带给朋友的宝宝一个大礼包。可是宝宝看中了礼包里附赠的一辆玩具小汽车。她死活要拆开包玩,我大感尴尬,反复对宝宝说:"那是送给弟弟的,你已经有好多小汽车和娃娃了,每一样都比这个好玩。"宝宝不听,朋友就要拆开给她。我坚决不肯,不得不带着宝宝告辞出门。一路上讲了无数大道理,可她一口咬定:"别人有的,宝宝没有!"

这个年龄段的宝宝已经能够认识物我关系,知道哪些东西是自己的、哪些东西不是。当宝宝的自我认识形成后,她渴望以独立个体的形态受到尊重和肯定,占有欲较为强烈。且该年龄段的宝宝情绪易冲动,常会因外来的新鲜刺激而兴奋,但持续时间都较短。因此,若家长一味满足宝宝的要求,会过度强化宝宝的自我意识,形成自私任性的性格特点。妈妈制止宝宝的行为是对的,那能不能考虑避免这样的事情发生呢?

面对宝宝过度膨胀的占有欲,家长可以从两方面入手。首先,不要盲目地满足宝宝的要求,帮助宝宝学会自我控制。例如当宝宝看到喜欢的汽车或者是洋娃娃的时候,不要马上买给她,而是要明确告诉她:只能要一个,或是家里已经有了,不能再买。当宝宝意识到不是所有的好东西都属于自己的时候,新事物带给宝宝的刺激就会降低,宝宝也会慢慢学会面对诱惑时,应该如何控制自己的情绪和行为。其次,让宝宝学会和大家分享。在别人给宝宝买礼物时,一定要她拿自己的一样东西给别人玩一会儿,否则不可以接受礼物。同时,提供宝宝和朋友一起游戏玩玩具的机会,鼓励宝宝将玩具和朋友进行交换,让宝宝觉得分享合作也很有意思。

85 怎样帮助不愿合作的宝宝？

宝宝与同伴一起搭房子，可是积木有限，他们谁也搭不出一座完整的房子，为了争抢积木，两个宝宝发生争执，搭好的房子也被推到了。两个宝宝谁也不愿意按照对方的思路去搭房子，结果都大哭起来，家长不知如何帮助宝宝解决问题。

宝宝在与同伴的交往过程中，产生了最初的道德状态。宝宝在和小伙伴的交往中产生了消极关系和积极关系。宝宝之间的积极关系就是在一起玩时能够和谐相处，玩得快乐，相互之间还能协作配合，相互帮助；而消极关系就是争抢玩具、大哭大闹，甚至是相互打闹。

宝宝道德行为和家长的影响有很大关系，因此家长在科学引导的同时要做好榜样。宝宝为争抢玩具而发生冲突是很正常的，家长要合理地解决冲突，注意以下几个要点：只要没有大的危险，让宝宝自己学习处理冲突，这样会让宝宝逐渐从自我中摆脱出来，审视他人，增强自制力；家长对宝宝之间发生的冲突要冷静分析原因，公平对待，不要对自己的宝宝过度袒护，也不要强迫宝宝放弃自己心爱的东西；在宝宝的冲突中，家长要引导宝宝学会保护自己，尊重他人；如果宝宝表现得太好强，家长可以让宝宝和大一点的宝宝一起玩，这样能够学到很多的规矩，也会控制自己的愿望和行为。

86. 宝宝不愿意与人分享怎么办？

我的烦恼

宝宝快2岁了，拿着自己的玩具到小区玩，遇到同伴时，妈妈告诉他可以给同伴玩一会，或与同伴交换玩具分享快乐，但是宝宝很不愿意。应该怎么做呢？

为您点拨

宝宝的思维特点是以自我为中心。宝宝到了2岁左右的时候就会变得"小气"，这是宝宝自我发展的正常过程。让宝宝学会理解他人的情绪和思想，才能做出适宜的分享行为。

为您支招

当宝宝与同伴分享玩具时，家长不妨让宝宝想想自己没有玩具时会有什么感受，以此来鼓励宝宝与他人分享自己的玩具。父母是宝宝最亲近的人，家长要以身作则，用榜样的力量感染宝宝。可以多创设机会让宝宝多与大方的同伴交往，注意引导宝宝从身边的小事做起。有好吃的先分给长辈吃，在家与宝宝一起玩他的玩具。当宝宝感受到快乐的时候，家长可以让宝宝去和其他同伴分享玩具，经常引导宝宝和别人进行玩具交换。外出时，尽量给宝宝带1—2件玩具，当宝宝看见别人的东西想要时，可引导宝宝进行交换，这样既可以锻炼宝宝的交往能力，又可以让宝宝懂得分享。当宝宝成功地与人分享、交换时，家长要通过各种方式给予赞许、肯定和鼓励，使宝宝得到激励，进而在今后更乐于分享。

87 怎样帮助拒绝交往的宝宝？

宝宝18个月，动作发展较灵活，模仿力强，虽然参加亲子活动时间不长，但表现很突出。周围的家长对爷爷奶奶说一些夸奖孩子的话，奶奶只要一回答，炎炎立马大声叫起来，迅速让奶奶抱。奶奶气得说："这孩子不让我说话。我一开口就大叫，真没礼貌。"

这个阶段的孩子与主要看护人建立亲密关系，甚至是依恋的需要后，对看护人的关注会不断加深。但是在孩子2岁以后，这种需要会逐渐减弱。案例中的孩子，虽然各方面发展得很好，但在情感依恋方面是和其他孩子一样的，甚至比其他孩子更加关注自己的主要看护人。孩子认为，奶奶是自己最亲的人，是属于自己的，奶奶只可以与自己进行互动。

这种情况下，家长不应训斥或者是过度安抚孩子，不要对孩子的这种行为进行对错判断。而应及时向孩子解释清楚，奶奶即使和别人说话，也不会不注意他，奶奶只是在与别人聊天，疼爱的只有他。同时，应该鼓励并帮助宝宝进行同伴交往，建立自己的交际圈，也会减轻对看护人的依赖程度。宝宝都会对小朋友产生兴趣，愿意和人亲近，但还不能很融洽地在一起游戏，基本上是各玩各的。但最初的交往能力应从此时此刻开始培养，可从以下三个方面入手。

首先，当宝宝能走路时，要给他创造与外人接触的机会。经常带他到小朋友多的地方去玩。宝宝虽不能同别的孩子一起玩，但他却愿意看着，他可能会站在很近的地方盯着看，或很严肃地把手里的东西递给别人，然后又拿回来。到2—3岁时，宝宝就会同别的孩子一起玩得很开心。

其次，帮助孩子结交玩伴，鼓励他们交往，并给予他自由选择玩伴的权力。父母可以经常请一些小朋友到家里玩,让他们一起游戏、听故事、唱歌、跳舞、画画,逐步培养宝宝与同伴交往的习惯。即使在玩的过程中,孩子们闹纠纷,家长最好的方法是从中调停,让孩子们自己解决矛盾,友好相处。

最后,孩子最初的交往会出现一些不友好的态度,比如"不要你到我家里来",或双手将小朋友推出去,或者抢夺别人手中的玩具,或一大堆玩具自己一个人霸占,不愿意与别人分享。这些不良态度有的是受成人影响的结果。成人应从正面教育孩子,让孩子学会谦让、容忍、礼貌等行为,养成良好的交往习惯。

宝宝受欺负了怎么办？

宝宝22个月，以前是我带的。那时候出去玩的时候见到小朋友能一起玩，也知道叫人、与人打招呼。但最近我上班了，开始由奶奶带，如今的宝宝不爱说话了，也不和小朋友一起玩了，见到邻居也不说话。还有点怕生人，我真是头疼！而且他现在出去的时候总被别的小朋友欺负，孩子也不敢说话，只知道哭！不但是比他大的欺负他，就是比他小的孩子有时也能把他欺负哭了。我真担心他上幼儿园的时候会受气。不知道该怎么办了！我也想是不是这个年龄段的问题，但我看别的孩子也不这样啊。总之一句话，就是太老实了。我应该在日后如何引导他呢？

从上述事例中可以发现，宝宝随看护者的更换变化，与外界的交往范围也发生了变化。妈妈带宝宝时宝宝能够模仿成人打招呼；奶奶带宝宝时这种模仿没有了，消失了。说明宝宝喜欢模仿，模仿成人的动作、语气、与人交往的态度等。宝宝在不断的模仿中，慢慢学会与他人交往，学习模仿怎样做是别人喜欢的方式，慢慢积累交往经验。当妈妈为宝宝初步建立与他人交往经验时，由于看护者的更换而没有及时巩固，导致宝宝的巨大变化。

哭只是宝宝一种不舒服或者一种需要没有被及时满足时的反抗表现。无论接触的宝宝是大或者是小，都要求看护者示范与人初步交往的方式方法，观察自己的宝宝是否有与人共同游戏的需求。作为家长也要学会与他人交往，为宝宝做榜样。家长担心宝宝上幼儿园会受气，这种担心的心情可以理解，只要家长调整自己的心态，与现在的宝宝看护者奶奶沟通一下，事情就会发生转机。也许奶奶不习惯现在的环境，对周围人感到陌生使得奶奶带宝宝不能够与他人沟通；或者奶奶有自卑心理，自己说话有口音，害怕其他人听不懂，也就不愿意主动打招呼、问好、说再见等。只要看护者转变思考方法，不要一味地去埋怨宝宝这个不行那个不会，找找看护人自己是否存在问题，问题也就不难了，担心也变成放心了，一家人也会开心了。

89 怎样帮助宝宝不事事依赖成人？

 我的烦恼

> 宝宝21个月，是个男孩。宝宝从早上睁开眼睛，就总是叫着大人，有时小便、吃饭这些简单的生活方面的问题也会依赖家长，不停地叫大人帮忙。在亲子课上，有时很简单的团纸揉小球或用油画棒涂色，或画小草等，他自己可以做到的事情也不动手，甚至拿着大人的手，让家长帮忙。在一些运动方面也表现不积极主动，站在一边看着别的小朋友玩得很开心，自己却无动于衷。

为您点拨

两岁左右的宝宝已具备自己用勺吃饭等各种生活自理能力，并且随着语言和自我意识的发展，宝宝也会表现出愿意独立自主地自我服务的倾向。因此要因势利导，创造条件，有意识地培养其生活自理能力，帮助其掌握自我服务的本领。但一些家长却对宝宝过度溺爱，一手包办宝宝的所有事情，使宝宝错过了在与环境相互作用中获得自我认识的宝贵机会，导致宝宝事事依赖家长，不愿自己尝试。

为您支招

在宝宝希望得到大人帮助的时候，可以和宝宝商量帮助的程度，一点一点地降低帮助的程度，并随时给予宝宝鼓励，及时强化宝宝良好的行为，让宝宝明白自己可以做很多事情，而且可以做得很好，从而激发起宝宝自己动手的积极性和主动性。还要让宝宝懂得帮助是互相的，可以有意识地让宝宝帮助家长做一些简单的事情，让宝宝感觉到他可以帮助别人，而且做得更好，帮助宝宝强化亲社会行为。在运动方面，家长可以先做，也可以主动和别的小朋友一起玩，让宝宝感到集体游戏的快乐。可以先让宝宝做一些简单的没有危险的动作，比如：走、快走、慢跑、快跑，循序渐进。可以为宝宝提供一些简单的玩具，如报纸团的球，不会踢出去很远，让宝宝去捡回，再踢出去，慢慢增加距离，让宝宝从走着捡回再到跑着捡回，这样在不知不觉中就发展了宝宝的动作。

90 宝宝不尊重长辈怎么办？

我的烦恼

宝宝23个月，是男孩。尊重老人是我们的传统美德，可是最近我发现我家宝宝的脾气越来越大，平时是奶奶带宝宝比较多，就这一个孙子，所以真的是很溺爱，基本什么都依着宝宝，只要宝宝要的都给，可是慢慢的我们父母觉得这样溺爱下去不行啊，就会时不时地给宝宝一些否定。在我们面前还可以，可是奶奶要是给宝宝否定，宝宝就会和奶奶大发脾气，甚至动手打奶奶，我们做父母的真的是很头疼。

为您点拨

家长既然很懂得尊重老人的重要性，就要落到实处。我们的宝宝要健康快乐全面地成长，就要让他在身体发展、情绪情感、生活习惯、品德性格上都健康。

为您支招

宝宝已经快2岁了，他既然能在父母和长辈的面前表现得不一样，就说明他能懂得道理，也能从成人的反应上分清对错，所以全家人应该从宝宝全面健康成长的角度来统一要求他，祖辈对宝宝的爱护也要适当，便于维护彼此的威信，不要让宝宝觉得有机可乘。首先，为宝宝树立榜样，身教重于言教，家长要处处以自己的模范行动影响宝宝的思想和行为，让宝宝受到潜移默化的正面影响。其次，要说服教育。宝宝已经听得懂道理了，对宝宝的不礼貌行为一定要制止，大家的态度一致，不要因为宝宝的哭闹而妥协，那样只能让宝宝错下去。要用成人的态度帮助宝宝分清对错，不礼貌时该批评决不纵容，有进步就及时表扬。还有要为宝宝提供尊重长辈的表现机会，比如：告诉宝宝奶奶带你出去玩很累了，你给奶奶捶捶腿；奶奶给你做饭很累了，你给奶奶送水果；奶奶给你洗衣服很累了，你去亲亲她等。让宝宝在每一件小事中学会感恩。

91 怎样提高宝宝的交往能力？

宝宝19个半月，是个男孩。目前在语言理解能力表现还行，困惑的是宝宝的社交能力，与外人交往，与小朋友交往方面不是很主动。有时候带他出去玩儿，他喜欢自己去草地、土堆边，而操场里很多小朋友在玩儿，他好像不是很感兴趣。是性格内向，还是跟我们平时锻炼得少有关呢？

这个年龄段的宝宝形成了初级的自我意识。知道哪些东西是自己的、哪些东西不是，也非常关心自己的财产，常要求与其他东西分开保存。所以宝宝已经有了初步的自我保护意识，还不太会与别人合作相处。但是宝宝会尝试不同的行为，能根据他人的反应坚持或调整自己的行为。

这么大的宝宝愿意在游戏中模仿父母的行为，所以家长要用自己的行动来带动宝宝。首先表现出愿意和其他小朋友一起游戏的愿望，然后主动招呼其他同伴一起玩儿。家长可以用报纸团成若干纸球，或用布做成沙包、飞盘等简单器械，让宝宝们互相扔、抛接、踢等，既安全又能一起合作，从而增加集体游戏的乐趣。家长还可以利用宝宝喜欢得到表扬的特点，多对宝宝的合作游戏及时进行表扬，这样宝宝在家长的鼓励声中，会积极调整自己的集体行为。

92 宝宝说话晚怎么办?

宝宝17个月了,他不会说话,甚至连爸爸妈妈也不会叫,要什么东西就用手指。我们为此很着急,不知道自己在育儿中哪方面出了问题?

首先要知道宝宝说话需要哪五种基本技能:① 能发出各种声音,而且音调有高有低;② 能听和辨别声音的方向,并且有了听觉选择性,对某些声音予以注意,而对另一些声音不予理睬;③ 有模仿性行为,特别是模仿发声及发声时的方式;④ 会想象,对不呈现在眼前的事物用假扮性的游戏反映出来;⑤ 认识熟悉的事物,当大人盖住眼前的实物时,宝宝会寻找。宝宝开口说话犹如打破坚冰一样,是发育过程中的一个重大突破。开口说话看似简单,但往往需要一些基本的技能。只有当小儿具备上述五项技能时,才会有语言的产生。

为使小宝宝开口,你要不断地对她说话并鼓励她做出回答。这样的训练越多,她就会越早学会说话,语言能力也就越强。所以,从她出生的第一天起,你就应该不停地与她进行交流,动作不妨夸张一点;宝宝与你交流之后,你要用微笑、拥抱与爱抚对她进行奖励;与宝宝交流时,你的动作要充满爱意,声调也应充满柔情,这些都会使你与宝宝之间的感情纽带更加紧密,也能更好地鼓励宝宝开口说话。为使宝宝领会你的爱意、关怀、呵护,目光交流非常重要,这一点务必时刻牢记。要时常面对你的宝宝,别怕麻烦;努力体会宝宝的每一声喊叫所代表的意义;不管这是饥饿、疲倦、厌烦还是爱意,你都要做出回答,千万别置之不理。

93 宝宝不跟大人学说话怎么办？

宝宝15个月，她不像别的孩子，别的孩子都会说话了，会做很多动作，可是我的孩子好像不愿意去学，当我教她喊"爸爸"时，她不是不理我就是说些她自己的语言。我该如何去教她呢？

这种情况并不少见，有不少孩子都是3岁以后才张口说话的，所以你不要着急，每天还是要坚持与孩子对话，多给孩子放童谣、儿童故事、儿歌等来听。如果没有听力问题，应正确引导孩子发音、说话，在日常生活中，结合实物诱导孩子发音。例如，孩子想要饼干，可以拿着饼干，向孩子重复发饼干音，如果孩子跟着发音，应尽快满足，同时大力表扬；如果孩子不跟着发音，则稍稍延迟满足，慢慢地，孩子会发现语言是有用的，于是就会产生说话的欲望。另外，平时应多与孩子说话、交流，多读一些书，如果仍没有进展，则应该去看医生，做必要的听力筛查。

1. 尽量使宝宝感到快乐和有趣。学说话不是枯燥的模仿。那种父母说，孩子学的单调模式是不容易奏效的。父母先要发现孩子对什么最感兴趣，当孩子按照要求做了某件事或完成了某项任务，父母就可以用这些东西奖赏他们，但更多的是要有语言、用父母快乐的表情、用拥抱或亲吻的动作来对孩子表示鼓励。

2. 教语言的同时，父母要注意自己的语言。父母一是自己不要自顾自地说，因为这会使孩子只听而没机会说；二是不要提太多问题，因为孩子在诸如"这是什么"一类的问句中，并不能学到什么语言，反而增加他们的紧张；三是不要使用复杂的语言教孩子，而要使用短句，并且突出所教的单词，把它放在每句的句子中；四是不要只说不演示，在教孩子说话时，父母要充分调动视、听、嗅、触等各种感觉器官，还要辅以相应的动作，使孩子懂得说话的意思。

3. 每天定时教孩子。父母应该每天抽出一定的时间和孩子游戏，在游戏中教孩子说话。所定的时间可因人而异。开始的时候，时间可以定得短一些，大约2—3分钟，然后逐步延长，形成常规。

4. 选择最佳的学习时机。父母应当安排孩子在最佳的学习时机进行语言教学。所谓最佳的学习时机，就是孩子精力最充沛、注意力较集中的时候，这样，效果就会好一些，孩子学的东西也会更多一些。

5. 重点突出，反复练习。父母在一段时间内只教小儿学习一个特定的词语，并且让孩子有足够的练习时间，要一步一个脚印地学习。

94 宝宝不会说话怎么办？

宝宝22个月大，他不会说出个别字词，只是声音还略带沙哑地嚷嚷。见到老师鼓励他也能叫"老师好"。他只是用大眼睛看着我，张着小嘴似乎想要叫，但是还是没有叫出声。在亲子班活动过程中，表现很乖，表现力也很好，但始终就是不说话。

21个月左右的宝宝将越来越"善解人意"，因为他能理解的词越来越多，可以说是"与日俱增"，每天都在增加词汇量。除了名词以外，他还可以听懂很多描述事物特征的形容词，如"热、漂亮、脏"等。这一阶段，孩子的语言表达能力将发生质的飞跃。他以每个月平均说出25个新单词的速度发展着。这种掌握新词速度猛然加快的现象，我们称为"词语爆炸"。许多母亲都有这样的感觉，孩子怎么一下子会说许多词语了呢？

这个阶段是孩子语言发生的关键期。但是上述宝宝的现象跟他的看护者有关。如果看护者本身就是不爱说话的人，她的行为将直接影响到宝宝这个时期的语言发展。宝宝能够叫"老师好"也能证明他会说，但是说得少。作为宝宝的看护者要喜欢与宝宝用语言沟通。在日常生活中，要多陪伴孩子，不能让电视替代看护人的身份，这样会造成孩子想说不敢说，因为平常没有人与他交流。在教师的鼓励下孩子能说三个不同的字，说明孩子练习得少，缺乏与同伴或者看护人的交流。看护人要在宝宝说出自己愿望或者意愿的时候及时给予鼓励，强化讲话交流的概念，使得宝宝健康发展。

95 如何教宝宝学英语？

宝宝什么时候开始学英语？看到有人说不能让孩子过多接触英语，容易混乱，我困惑了。是不是越早越好？2岁半的宝宝到底每天应该学多长时间呢？

为孩子创造一个学英语的环境。环境对于孩子学英语是第一重要的。在我们的生活中，每天都会接触到大量的书面文字：电视里的广告文字、食品包装袋上的彩色文字、快餐店的店招、路边的路牌……这些，都构成了孩子识字、学英语现成而良好的环境。

爸爸妈妈完全可以看到什么就让孩子学什么，如看到来来往往的汽车就学"车"——car（汽车、火车、卡车、警车……）；看到树就学"树"——tree（杨树、柳树、松树、大树……）。这样，一方面可以利用这些汉字的环境效应，通过身临其境的感受来加深对英文的理解；另一方面，还能培养孩子爱观察、爱提问的好习惯。此外，父母也可以自己创造出适合孩子学英语的环境，如在冰箱上、电视上贴上写着"冰箱"、"电视"这些英语单词的纸片等。这些有意识的动作会让孩子对每天接触到的东西产生字面的理解，从而加深印象。

96 宝宝不爱说话怎么办？

宝宝19个月，是个女孩。到现在除了会叫爸爸、妈妈、姥姥、舅舅，会说谢谢、没有，还不会说别的话。宝宝到14个月时才会叫爸妈。每次教她说话时她总不肯说，到后来一教她学说话，就扭头跑开。妈妈说平时她要表达时，谁都别理她，也别去猜，逼她说，可她宁可放弃要求也不开口。有需要时她就"啊、啊"的手脚并用地比比划划，就是不说话。平时宝宝是由老人带，出门接触社会和小朋友的机会比较少，不知和这个有无关系？

这个年龄段的宝宝语言发展指标是：语言的理解能力迅速发展，能说出自己的名字和许多能听懂的字词；会辅以手势、表情表达自己的需要；进入了语言发展加速期；爱说、爱模仿成人的语言；能将2—3个词组合起来，会用简单的短语表达自己的需要；有时会创造出莫名其妙的新词和古怪的句式。但我们要尊重每个宝宝不同的个体差异。

宝宝学习语言是在日常生活中日积月累丰富起来的，不要为了学说话而给宝宝过多的压力。现在一教她学说话就扭头跑开，说明宝宝已经有压力了。家长一定要淡化宝宝的语言学习，在生活中，要精心为宝宝提供丰富的语言与环境刺激，通过听、说、看、触摸等多种感觉活动，帮助宝宝对身边事物的认知和记忆。宝宝说不出来没关系，能听懂就行。家长要反复说，让宝宝用其他感官来感知积累经验。到她想说的时候才能说得出来。要利用宝宝爱听、爱模仿的特点，从她身边熟悉的玩具、物品、环境开始，家长说出名称、特点、玩法、用途等，每次看到每次说，这样不断强化刺激，宝宝就会有记忆。慢慢再用鼓励表扬的办法，让宝宝学会开口说话。

97 宝宝总是用手指却不说话怎么办？

我的烦恼

我的孩子15个月，会说简单的词，如"球、蛋、盆、房子"等，但是他平常要什么东西都不愿意开口说话，而是用手指指，我该怎么让他说出而不是用手指出他要的东西呢？

15个月的宝宝还处在言语发展的储备阶段，也就是听比说多，说话的主动性不强，从生理基础来说，他的发音器官发育得还不够完善，所以只有在高兴或有所求助的时候，才主动说出一些单词句，这些单词具有以词代句、一词多义和单音重叠的特点，而在一般情况下，大多数宝宝就像您的宝宝一样，就是"金口难开"、用手指指。

家长不必着急，采取积极等待的办法将会促进宝宝的言语发展。当宝宝有所求、用手指的时候，家长用简单而清晰的短句翻译宝宝的"手指"含义，并且问他："宝宝想看电视，是吗？"（等宝宝点头）让他跟家长学说"看—电—视—"。如果宝宝不说也没有关系，不要逼他开口，家长过于急迫的态度会让宝宝害怕说话，但家长要翻译宝宝"手指"并让他跟家长学说话，否则，宝宝手指什么，家长就"心有灵犀一点通"地为宝宝做什么或拿什么，宝宝就得不到相应的言语储备，这是消极等待的教育方式，不利于宝宝的言语发展。

98 宝宝对学说话抵触怎么办?

我的宝宝已经1岁半了,但还是只会叫爸爸,妈妈。教她说别的她也不学,有时候还有很强的抵触心理。我该怎么办?

您的宝宝的情况属于正常情况,1岁半的宝宝还处于语言准备期,她的特点是听得多、懂得多,但说得少,比较被动,当她需要别人帮助的时候才会偶尔说一些简单的词语,并且具有一词多义的特点,例如叫一声"妈妈",可能是"妈妈抱",也可能是"妈妈不要走",或者是"妈妈陪宝宝玩"。

这时候的宝宝虽然说话少,却未必说明她的语言发展滞后,许多宝宝开口说话较晚,但是储存在大脑的语言素材却不少,随着语言器官的不断发育成熟,有一天她会突然开口,可能不但滔滔不绝,而且词汇丰富,甚至很快超过一些说话早、说话多的宝宝。所以,对于语言准备期的宝宝,家长要利用各种机会与她交谈,当她想要某个东西的时候,家长要清晰地告诉她这个东西的名称;当她想玩某个游戏的时候,跟她讲这是什么游戏;家长的角色就像解说员一样,把宝宝在日常生活中所接触的事物和活动解释给她听,让她多听、多看、多理解,这一切都准备好了,宝宝自然就开口说美妙的语言了。

99 怎样矫正宝宝发音不准？

我家宝宝现刚满一岁半，他有的字发音不是很标准，如：他把"花"读成"发"，把"鱼"读成"无"之类的，给他纠正了还是改不了，这种情况下该怎么办？

发音标准需要相关的发音器官成熟才能达到，另外，也与宝宝生活所在环境的方言有很大关系，中国的普通话以北方语系为基础，那么生活在南方的宝宝容易习得南方方言，对学习标准的普通话有一定影响。因此，一岁半的宝宝发音不准属于正常情况。但是，一岁半以后是宝宝一生中学习新词最快的阶段，家长想办法促进宝宝学习准确的发音，会收到事半功倍的效果。

英国对120名2岁以下的婴幼儿进行了一项研究，发现宝宝嘴巴运动能力与学习语言速度密切相关。有的宝宝无法做出正确的亲吻动作，他们刚刚张开嘴，口水就会流出来；有些宝宝则不大会舔嘴唇，而能完成吹泡泡、舔嘴唇等复杂嘴部运动的婴儿，学习语言速度更快，发音也更清晰。可见，家长不但要注意保护宝宝的口腔卫生，还要增强他的口腔运动。如果宝宝生活在方言比较突出的环境，就让宝宝多听普通话说唱的儿歌、童谣、故事、歌曲等磁带或CD，这对宝宝的正确发音将产生积极影响。

100 宝宝学会了骂人怎么办?

前段时间,我和儿子一起玩,他突然冒出一句脏话,我特别吃惊,也很着急。我不知道孩子是从哪里学来的这句脏话。我不断地告诉儿子不说这句话,说这句话不对……但是收效甚微。我该怎么办呢?

一两岁的宝宝正是模仿学习语言的关键期,但对于语言是否文明还没有判断、选择的能力,所以他常常是听见某个词句就发这个词句的语音,大人对这个语音关注度越高他越爱发这个音。虽然家长告诉他这是脏话,不明白什么是脏话的他依然我行我素。

当宝宝首次说某个脏话的时候,家长就像没听见一样忽略它,使宝宝不对这一脏话产生特殊的记忆;如果宝宝反复说一些脏话,说明宝宝已经重复受到不良刺激,需要家长的特别关注与教育了。首先寻找脏话的可能来源,避免宝宝以后再在这样不文明的语言环境中受污染,同时蹲下来、看着宝宝、严肃地说:"妈妈不喜欢这样难听的话,妈妈喜欢'你好'、'谢谢你'、'请坐'(依情况举例)这样好听的话。"幼儿教育有一个普遍的原则:当宝宝做某件事的内容与方法不适宜的时候,如果家长不让他做这件事,就应该同时告诉他可以做什么事情、可以怎样做这件事,这样才对宝宝有具体的指导意义。所以,当宝宝在某种情景说脏话的时候,家长要直接示范和指导他应该说什么话。

101 如何帮助宝宝选择图书？

宝宝22个月，请问给宝宝讲故事是通俗易懂还是选择书面语言呢？宝宝的故事书种类繁多，有人说就应该选择书面语言（大人看的）的那种，拓展宝宝的词汇；也有人说通俗易懂的宝宝接受快。家长到底选择哪种故事书呢？

22个月左右的宝宝处于语言发展阶段的"词语爆炸"时期。根据宝宝的月龄选择图书较为适宜。无论是选择书面语言还是通俗易懂的语言，对于宝宝来说都是有益的。选择画面较大的婴幼儿绘本，可以让宝宝手指触摸到一个个鲜活的故事人物，感受故事中人物的变化，感知变化的故事情节；选择给宝宝讲故事也要有图书画面的支持，否则违背了婴幼儿的发展特点，直接、具体、形象是婴幼儿初步学习的特点，且时间不宜过长。宝宝最喜欢的是反复重复的情节故事，如《拔萝卜》、《三只小猪盖房子》、《爷爷一定有办法》等。

如果选择书面语言，就是大人看的那种，我认为不大适宜。宝宝处于"词语爆炸"时期，需要大量的词语支撑，对于他从来没有见过的文字也许初期感兴趣，中期发展到拿笔涂鸦，后期就撕书了。《婴儿画报》这类期刊比较好。它可以把许多知识，故事，儿歌贯穿在杂志中，可以一书多用；且每月有一个主题，陪伴孩子成长；《婴儿画报》是0—3岁，《幼儿画报》是3—7岁，家长可以根据宝宝的年龄来进行选择。

102 宝宝看电视有助于阅读吗?

我的烦恼

宝宝22个月,是个男孩。我们知道看书对宝宝有好处,所以经常给宝宝买新书,宝宝总是缠着我们讲。于是我们利用晚饭后,全家一起朗读图书,这样给宝宝一个阅读环境。有时我们打开电视,让宝宝看动画片,还一起表演,学小兔跳、小猫叫等,宝宝可高兴了,但是宝宝一下子特别喜欢看电视了,有时看电视达到3小时,当把电视关上,他还是哭闹,真没办法。是不是看电视也能培养宝宝阅读呢?

为您点拨

全家人一起朗读图书的习惯非常好,有阅读,有语言表达,也有感情交流,希望能保持。宝宝看电视的时间过长了,一定要想办法调整。不管是看书还是看电视,都要在让宝宝获得知识的同时保护好宝宝的视力。

为您支招

正确的看书看电视时间应该是看30分钟休息5分钟,让眼睛休息时可以闭上眼睛,还可以看一看窗外远方,看一看绿色。连续看电视时间不要超过1个小时,座位距离电视要保持2米左右,而且,周围光线不要太暗,以免眼睛疲劳。现在的电视节目内容画面都非常丰富,的确很吸引宝宝,但是我们家长一定要帮助宝宝选择所看内容,确定时间长短,这样才能让电视起到辅助教育的作用,而不是反作用。所以在看电视之前一定要与宝宝进行商量,看多长时间,是按照集数控制,还是按照时间控制,都要商量具体,一旦商量通过就要严格执行;而且还要商量出不遵守规定的惩罚办法,比如停看一次、停止玩玩具一次等,千万不能因为宝宝的哭闹而妥协。家长可以在结束时间到来之前给宝宝进行心理暗示,比如说:这是最后一集了,看完以后我们要做什么了;这个广告以后再演一会儿就演完了;现在还有5分钟了等。这样就不至于让宝宝在高度兴奋的情况下突然停止,有了结束的心理暗示,宝宝接受起来就容易得多。

103 怎样帮助宝宝专注的时间再长一点？

宝宝19个半月，是男孩。宝宝在1岁后运动能力自如了，能到处跑和玩耍了。他的注意力持续时间较短。玩玩具、看图画书，一次也就15分钟。据我们观察，他一般在听音乐的时候会很安静，很专心地听，而且学得也很快。如何让他在其他方面也有这份专注？年龄大些后，会不会好些呢？

19个半月的宝宝做一件事能专注15分钟已经不短了，家长一定不要期望值过高。宝宝听音乐时很专心，那是因为宝宝对这方面很感兴趣。所以家长一定要从让宝宝做他感兴趣的事情入手。

培养宝宝的长时间的注意力的方法：可以为宝宝固定几个时间段，比如每天都有看书时间，在哪里看、什么时间看、看几本等最好都事先商量好。这样家长也可以利用投放书的厚薄和多少来帮助宝宝控制注意力。还可以商量好每天的户外活动时间、画画时间、玩玩具时间等。同时可以让宝宝学习从活动开始准备玩具用品，到活动结束自己收拾材料用品，养成自理的好习惯。如果刚开始宝宝的注意力时间短，家长可以和宝宝一起活动，比如看书时对其进行发散提问，让宝宝发挥想像力并进行讲述。绘画时、玩儿玩具时提出相关任务等，延长宝宝的注意时间。

104 怎样提高宝宝的注意力？

我的烦恼

宝宝注意力不集中，当看书或者听故事的时候，宝宝不能全神贯注地去倾听，总是喜欢玩弄身上的衣服，或者对其他事物产生兴趣，做别的事情，经常左顾右盼。

为您点拨

我们不能过分苛求宝宝保持很长时间的注意力，这是宝宝年龄特点所造成的。家长应先分析宝宝缺乏注意力的原因，然后以平和的心态，科学地、逐步地、有针对性地培养宝宝的注意力。宝宝不爱看书听故事的原因分析有以下几种：家长选择的故事宝宝不感兴趣；听不懂或是家长讲述故事的语言和声调缺乏感染力；环境不适宜。

为您支招

家长要给宝宝选择适合其年龄特点、难易适度、情节内容有趣的故事、图书，书中的色彩和形象能够吸引宝宝。家长可以经常带宝宝到书店让宝宝选择自己喜欢的图书，家长要创设适宜的环境，专心跟宝宝一起看书、讲故事。在与宝宝一起看书的过程中，一定要用自己的情绪感染宝宝，多用夸张的表情和声调加上肢体语言对故事进行演绎，帮助宝宝理解故事的内容，吸引宝宝的注意力。这个年龄的宝宝是以无意注意为主，家长还可以给宝宝播放故事磁带与光盘，让宝宝在不经意间学习知识。为了增强故事的趣味性，家长可以利用手偶表演故事。

105　怎样让宝宝具有坚持性？

宝宝29个月，不论做什么事情都不能专心。有时陪着宝宝阅读，可是不到两三分钟，就表现出不耐烦，或者要求家长不再继续下去，或者要求做其他的游戏。还有的时候，在教宝宝儿歌时，宝宝学一半就跑了，要求换其他的游戏。

1—3岁宝宝的注意力不能维持较长时间，这是正常的。这时宝宝的大脑发育还不够成熟，兴奋和抑制过程不能平衡，兴奋性较高，容易受外界影响。再者，这一时期宝宝的注意力大多数受无意注意的支配。一方面，强烈的声音、鲜艳的颜色、生动的形象、突然出现的刺激物或突然出现的东西都会吸引宝宝的注意力；另一方面，与宝宝兴趣和需要有密切关系的刺激物，也会逐渐成为宝宝注意的对象。

对于3岁以前的宝宝，不能过分苛求他保持很长时间的注意力，而应以平和的心态，科学地培养宝宝的注意力。

首先要允许、鼓励宝宝有充足的体力训练活动，让宝宝的体质及神经调节系统得以增强，同时还要注意观察宝宝，及时缓解或消除他们身体的不适，为宝宝持久地注意创造良好的生理基础。

还有，家长不妨在家里布置一个固定的玩游戏的角落，将环境收拾得有条不紊，减少让宝宝分心的外界事物。不要一下子提供太多的玩具及图书，面对太多的玩具，宝宝会不知所措。平时家长要跟宝宝玩一些需要集中注意的游戏，比如看图找缺失部分、猜猜谁不见了、让宝宝站立或平坐着顶纸杯等，还有如搭积木、拼图、找不同等游戏都能很好地培养专注力。

106 怎样满足宝宝的求知欲？

宝宝快一岁半了，是个可爱的小男孩。他好像已经不满足于看一些简单的图片，总感觉他还想要知道点什么，但是不知该怎样引导他？

3岁前的宝宝一直保持着旺盛的求知欲，大自然和周围生活的一切事物在他看来都是陌生和奇特的，他会调动自己的所有感官去探索事物，他会伸出小手摸一摸，放在嘴里舔一舔，用脚踢一踢，用鼻子闻一闻，但是因为言语水平发展有限，他不会用语言表达自己的求知欲，所以家长"总感觉他还想要知道什么"。

既然这样，家长就猜一猜宝宝到底想知道什么，然后为宝宝解说，如果宝宝感兴趣，说明家长猜对了宝宝的心思，并解说得适合宝宝听；如果宝宝扭头走了，或者心不在焉，说明家长猜错了，这提示家长再做尝试。宝宝有的时候并不满足于家长的解释，可能更需要提供可操作的玩具或物品，如果家长及时提供出来了，宝宝肯定非常开心。相信最懂宝宝之心的就是家长，因为家长已经擅长从宝宝的角度观察与思考了，这是真正意义上的母婴心连心。

107 怎样让宝宝明白数量？

我的烦恼

我家宝宝24个月，现在对于0—9的数字还搞不清楚，问他有几个球，他总说2（因为他2岁），邻家孩子比我们小3个月，但她却能准确地说出球的数量。平时我也没少教他，他怎么就记不住呢？是不是比较笨呀？

为您点拨

宝宝的数学学习内容和水平分为多个方面，例如认读数字和顺口唱数都是对数字的认识，但还不明白数字的数学含义，他们还要接着学习点数，才是真正理解了数学现象。

为您支招

1岁宝宝可以用手指表达自己对"1个"（举起食指）或"2个"（举起食指和中指）的理解，在两个物品中还可以挑出较大的那一个，会跟着大人顺口溜出"三"或"一、二、三"，喜欢并能认出圆形等。2岁以后的宝宝会借助语言表达自己对数学的认识了，他们会唱数10—40、点数5—10，还能认读1—10这几个阿拉伯数字。能实质性地理解3以内的数学含义：知道3以内的多、少和一样多，能在物品中正确拿出3个，能记住父母交代的3件事，至少认识3种几何图形，按次序套碗则能套5—9个等。可见，数学学习并不是"记不住"的问题，而是结合生活实际丰富宝宝的数学感知，让他渐渐明白上楼需要几步，吃饭需要几个碗等生活现象，家长不要着急，宝宝慢慢就理解了。

108 如何指导宝宝保护自己？

宝宝15个月，会走路了，开始在家里窜来窜去，对所到之处一番扫荡。特别是暖瓶，总想跃跃欲试，多次劝说无果。最终宝宝弄翻了水瓶，烫到了自己，幸亏不严重。从此以后，再也不敢碰暖瓶了。家长很苦恼，为什么多次劝说也不及一次教训，难道危险的东西都要经历这样的考验，宝宝才能长教训吗？

宝宝学会走路后，自行探索的范围更大了。而宝宝的认知过程通常是运用各种感官共同参与获得的。因此，家长要格外重视宝宝行动范围内的安全。由于宝宝认知能力、对成人语言理解能力有限，不能正确区分事物的安全和危险，更多的是通过成人的表情、动作进行判断。家长在描述危险事物时，有时过分的渲染，反而造成宝宝对事物产生更强的探索欲望。

为宝宝创造安全、适宜的活动环境，注意宝宝活动范围内危险物品的摆放位置。当宝宝的行动具有危险性时，家长一定要用明确、清晰的语言和适宜的行为予以及时制止，引导宝宝学习最初的自我约束和自我保护。家长还要善于捕捉有效教育契机（例如：图书、视频、宣传片等），引导宝宝直观了解哪些是危险的事情，危险会给人们带来很严重的伤害。在条件允许的情况下，接受宝宝的挑战性行为。宝宝会为自己付出努力的成功而感到满足。这样宝宝的好奇心得到了保护，宝宝的探索欲望也会更加强烈，宝宝的经验积累也更加丰富多彩。

109 宝宝会不会是"左撇子"?

我的儿子快18个月了,最近我发现他自己吃饭或画画时都喜欢使用左手,即使是我有意识地将勺子或笔放在他的右手,他也会很快将之换到左手再用。我担心孩子会成为"左撇子",想请教专家现在改正是否还来得及,以及应该如何改正?

1岁之前的宝宝,左右脑功能尚未分化,左右手也尚未分工,所以他经常同时使用双手抱、抓、拿;2岁的宝宝,左右脑逐渐分化,但还没有形成优势左手或者优势右手;3岁以后的宝宝动作更协调,如果他经常主要使用左手生活、学习和做事,才可能断定宝宝是"左撇子"。"左撇子"通常与父母遗传有关,由于中国人书写汉字使用右手更方便,所以大部分中国人都是右手优势。

即使是"左撇子"也不影响宝宝的发展,家长不必强行矫正,否则会给宝宝造成很大的心理压力。因为人的大脑左半球支配右半身的活动,右半球支配左半身的活动,所以习惯使用右手的人,左脑的抽象思维功能较发达,右脑的形象思维功能有待开发利用;"左撇子"则正好相反。宝宝的大脑全面发育才更有利于他的成长,因此应该同时开发左、右脑,民间流传"左撇子更聪明"的说法也是片面的,家长可以用游戏的方式多给宝宝锻炼右手的机会,使宝宝的双手都变得灵巧起来。

110 宝宝会不会是色盲？

宝宝快2岁了，我拿一个苹果，让他说出颜色，他说不出来；如果我让他拿出一个红苹果，他有时能拿对，有时不对，怎样判断宝宝是不是色盲？应该怎样培养宝宝的色彩感？

1岁以后的宝宝就开始对学习颜色很感兴趣，但是宝宝能够辨别颜色与能够说出颜色名称是两码事。如果您让宝宝拿出跟手中颜色一样的苹果，他能够做对，就说明他具有辨别颜色的能力，就不是色盲，接着需要告诉他这是"红色"，他就把颜色与颜色名称对应起来了。

辨别颜色是宝宝自然发育的结果，说出颜色则是后天教育的结果，所以家长可以在日常生活中多让宝宝做一些颜色配对练习，并教他指认颜色名称。色盲是不能用眼睛分辨出物体的颜色，根据三原色原理，不能识别红颜色的叫红色盲，不能识别绿颜色的叫绿色盲，不能分辨蓝颜色的叫蓝色盲，如果这三种颜色都分辨不出，那就叫全色盲。有一部分人辨认颜色比较困难，需要多看一会才行，这属于色弱。色盲和色弱都是一种先天遗传因素造成的，男性明显高于女性，目前还没有有效的治疗措施。

宝宝对妈妈上厕所好奇怎么办?

21个月的小宝宝对妈妈上厕所有好奇心,会来观察,我想可能是想看看大人和她是否一样吧。是否告诉她不可以进来看,还是口头跟她说一下妈妈是怎样上厕所的?

小宝宝对家长上厕所有好奇心,这很正常,她喜欢跟成人一起在厕所里待着、聊天,但是厕所毕竟有异味,而且家长处于生理周期的时候,也不宜让宝宝关注。所以家长上厕所的时候,虽然不必把宝宝拒之过远,但也不宜亲密接触。

如果宝宝很想知道家长是怎样上厕所的,家长可以让她进来看一次,也可以口头跟她说说,一般情况下,还是让她站在门外等着比较好,等待时可以跟家长说话,或者直接告诉她厕所臭,给她拿本书,让她看电视或者光盘,让她自己在厕所外打发一段时间,家长则踏踏实实地上厕所。宝宝以后还会对男孩子和爸爸上厕所感到好奇,这也没关系,宝宝通过观察这些现象初步知道男女的不同,对于宝宝来说,男女器官与行为方式的不同只是客观现象,没有任何主观意念,所以家长不必从成人的角度对宝宝的行为进行判断和过分干预。

112 怎样帮助奶奶减轻带宝宝的劳累？

宝宝1岁多，主要是由奶奶带他，但是奶奶身体不好，受不了宝宝的折腾。他现在主要有两个问题，一个是爱往地上扔东西，然后"啊—啊—"地要求奶奶捡起来；还有一个问题是他要学习走路了，奶奶总是弯腰扶他也受不了。请问专家有没有什么好的方法减轻奶奶带宝宝的劳累？

爱扔东西和学习走路是1岁多宝宝所具有的显著特点，扔东西有利于宝宝发展手部活动、手眼协调以及自我意识，1岁多也是学习走路不可错过的关键期，家长应该支持宝宝的这些行为，所以这时候家长需要付出一定的体力，对于老人来说可以想一些省力的办法。

奶奶的手边可以准备一根长度适宜的木棍，这样不用动身体也能把宝宝扔出的东西取回来，如果不需要的时候就把木棍收起来，以免伤着宝宝。至于宝宝学习走路，如果他已经能够站稳了，可以使用学步车；如果宝宝还没有站稳，就不要用学步车，为宝宝的活动场所摆设他可以作为扶手的、稳定的低矮家具，锻炼宝宝起立、站稳、扶物挪步的走步能力。这些办法都可以帮助奶奶减少长时间、反复弯腰和直腰的动作。

113 上亲子班前要做什么准备？

宝宝24个月，我咨询了身边许多家长有关上亲子班方面的经验，但还想知道更加明确、更加专业的相关信息。需要提前准备什么呢？

1. 家长要端正态度。家长不要在孩子面前表现出担忧和焦虑的情绪，许多家长在送孩子进亲子班之前，会一再嘱咐孩子，要遵守纪律、要听老师的话、要和小朋友好好相处等，这样会让孩子意识到，进入亲子班会是一个很重大的改变，提前给孩子造成心理负担。不要担心会出现这样或是那样的问题，顺其自然，孩子会接受得更好。

2. 帮助孩子了解亲子班。可以提前带孩子参观亲子班，告诉孩子，这里有许多小朋友，有老师带着大家一起玩的游戏，有许多玩具，而这些都是家里没有的。激发孩子对于新环境的好奇，让孩子对亲子班产生兴趣。

3. 提前与同龄孩子接触。现在的孩子在他2岁之前，大多只与自己的主要看护人进行接触。在决定进入亲子班之前，家长应提前带孩子到公共场合，让孩子与同龄伙伴进行接触，避免在亲子班突然面对许多人而产生恐惧感。

4. 家长一定要注意，在孩子犯错时，不要用"不听话就送你去幼儿园"这样的话来吓唬孩子，这样会暗示孩子，幼儿园是犯错的孩子才去的地方。

114 怎样让宝宝好好吃饭?

我的烦恼

宝宝33个月,每次宝宝从幼儿园回家都会与大人一起吃晚饭,周末与大人一起吃三餐,但是宝宝总喜欢让家人用勺子或筷子喂他吃,我想不喂他,让他自己吃饭,但是他不好好吃。他会熟练地用勺子吃,但是吃得慢又费劲儿,有时也能用筷子吃,但是不大熟练,孩子越长大越爱挑食,有些东西吃到嘴中就吐出来,真是着急,怎样能让他在家吃饭,踏实又不挑食地吃饭?请您帮助想想办法。

为您点拨

宝宝吃饭的时间在20分钟左右为宜,宝宝吃饭慢的原因有:(1)不饿,饭前吃零食或加餐时间距离吃饭时间比较近;(2)宝宝挑食,饭菜中没有宝宝爱吃的食物;(3)家人喂宝宝习惯了,宝宝等着家人喂;(4)宝宝认为家人在跟自己游戏,自己吃一口、吐一口地跟家人做游戏。

为您支招

我们可以用游戏的形式,来引导宝宝自主进餐,并尝试让宝宝把自己的一份饭菜吃完。

游戏1:我为家人点道菜。以点菜的形式,引导宝宝把自己喜欢吃的东西说出来,家长可以按照宝宝的喜好做宝宝喜欢的一两道菜,宝宝喜欢吃的饭菜做得稍稍烂一点,方便宝宝咀嚼。

游戏2:谁长大了的游戏。肯定宝宝长大了,自己的事情自己做。认真告诉宝宝,"你长大了,你能自己大口吃饭,让我们看看一个长大的宝宝"。

游戏3:比比谁吃得多。给宝宝碗里的饭菜少量多添,宝宝两三口能吃完的量,使宝宝获得成功的体验,从而激发宝宝对吃完自己碗里的饭的兴趣。

115 宝宝不爱吃青菜怎么办？

宝宝33个月，不喜欢吃蔬菜，水果还可以，但是蔬菜不能用水果代替，会导致便秘，我们想了许多办法，比如把菜捣碎放在粥饭中，但宝宝还是不吃。不知有什么好的办法？

每个人都有自己喜欢的食物和不大喜欢的食物，不爱吃菜也是挑食的一种。以下几种情况会导致宝宝不爱吃菜：宝宝比较难适应味道较浓和粗纤维的蔬菜；家长的口味影响宝宝对食物的兴趣；活动量不够；加餐与吃饭时间较近。这些都是导致宝宝挑食的原因，而不吃蔬菜的结果一定会影响宝宝的健康。

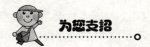

引导宝宝参与做菜的过程，让宝宝尝试着择菜、切菜，这样会增加宝宝对蔬菜的认识和兴趣。吃饭的时候，鼓励宝宝替大家先品尝食物的味道，给大家推荐好吃的菜。因为今天的饭菜有宝宝的参与，她为了让大家喜欢自己的劳动成果，就会尝试着吃一些。同时，改变家庭做菜模式，将蔬菜切成卡通的形状，或是用做馅的方法将蔬菜少量加到宝宝喜欢吃的食物中，用调味料降低宝宝不喜欢吃的蔬菜的味道，将面食做得精巧、可爱，宝宝在美食的诱惑下会把食物都吃掉。变换进餐环境，促进宝宝对食物的喜爱。如：野餐、到朋友家吃饭、到饭馆吃饭等。

116 宝宝吃饭犯懒怎么办?

宝宝28个月,特别挑食,喜欢吃就多吃一点,不爱吃的就吃得很慢,而且会故意把饭洒在桌面上、地面上,尽量不去吃。不爱吃饭,有时会犯懒,她会让家长去喂她,自己不动,喂一口吃一口,不爱吃的给她喂到嘴里还会吐出来。

孩子最初对食物是没有概念的。挑食、偏食的主要因素是家庭成员在生活中的饮食好恶潜移默化地影响了宝宝,宝宝会模仿家庭成员的各种习惯。比如一个家庭中,爸爸不爱吃鱼、妈妈不爱吃猪肝、奶奶不爱吃青菜,那么宝宝就会三种都不吃,无形中也会养成偏食的习惯;再有,在生活中有的爸爸妈妈给宝宝准备了大量的零食,影响了宝宝的进餐,导致营养均衡被破坏。还有,长期饮食单调也会导致宝宝偏食:一是长期食用某一食物而产生腻感,最后不爱吃它;二是对长期食用的食物习而惯之,导致排斥某些新加入的口味有异的食物。想要培养宝宝不挑食,一定要从家庭成员自身做起。

1. 父母带头、言传身教。面对挑食的宝宝。家庭成员要从自身做起,为宝宝树立榜样,带头吃各种食物。即使由于某种原因不想吃或不能吃某种食物,也不要在宝宝面前流露出对这种食物厌恶的情绪,而是用享受和喜欢这种食物的表情来感染宝宝。

2. 定时定点、环境安静。宝宝要有固定的时间和场所吃饭。吃饭时间不要过长,最好15到30分钟。场所要干净、整洁、舒适,并有固定的桌椅及餐具。尽量不让宝宝边看电视、边玩、边吃饭。这些习惯都会分散宝宝注意力,同时宝宝的大脑皮层不能形成优势的兴奋灶,影响宝宝对食物的吸收。

3. 巧妙搭配、氛围愉快。要为宝宝制定科学合理的食谱，对于各种食物都要给予宝宝积极地暗示和鼓励。如果宝宝很不喜欢吃某种食物，妈妈可以把它巧妙地变个花样，或少量地掺入其他宝宝爱吃的食物中，慢慢让宝宝接受。宝宝吃饭时，爸爸妈妈要保持微笑。即便宝宝吃得不好，也不要把表情流露在脸上，更不要在饭桌上训斥宝宝。

117 宝宝边吃边玩怎么办？

宝宝33个月，从来不会好好坐在椅子上吃饭，即使坐，也是东倒西歪。吃饭时总是边吃边玩，或者边看电视边吃饭。每次吃饭都要追着喂，一顿饭要吃很长时间。就因为吃不好饭，宝宝经常生病，家长很头疼。

良好的饮食习惯需要从小培养，宝宝边吃边玩这一现象比较普遍，主要原因是由家庭环境和家庭教养方式影响的；再有，宝宝年龄小难以长时间坚持做一件事。要改善这种状况，家长需从两方面调整：一方面要从家庭进餐环境和习惯养成入手；另一方面要从宝宝吃饭时的状况入手。如果宝宝饭量正常而只是慢，家长就要和宝宝一起调整进餐速度，因为细嚼慢咽也是好习惯。如果是宝宝根本就不想吃，那就要考虑饭菜是否不合胃口还是零食吃多了，或是需要检查一下宝宝的消化系统。

1. 以身作则。营造一个宽松、温馨的家庭就餐环境，家长发挥榜样作用。不仅家人都要围坐在餐桌前，还要排除影响进餐的不利因素，如：关掉电视、电脑，放下手中的物品等。
2. 及时添加辅食。增强宝宝的咀嚼能力，让宝宝对饭菜有兴趣。
3. 饭菜多样化。家长可以尝试将饭菜做得好看些、趣味些，少盛多添，增强宝宝食欲。
4. 减少零食。饭前1小时不吃零食，特别是高糖度零食，会让宝宝产生饱腹感，从而影响宝宝食欲。
5. 进餐中以欣赏的口吻表达饭菜的香甜可口，及其营养对人身体的好处。不过度责备和絮叨宝宝，那样只会增强宝宝的逆反心理，造成宝宝对进餐的恐惧感。
6. 制定规则。在保证宝宝身体健康的前提下，家长要宝宝明确在吃饭时间里把饭吃完，过了吃饭时间，就不能再吃了。

118. 怎样控制宝宝的食欲？

我的烦恼

宝宝30个月，胃口非常好，不挑食，对任何食物都感兴趣。食欲旺盛、胃口大，吃饭时家长怕宝宝撑着，劝宝宝少吃些，结果宝宝会因此大哭大闹。平时不论玩玩具还是在户外，也总要求吃零食。家长很担心宝宝会肥胖，不利于身体健康。

为您点拨

婴幼儿时期是一生饮食习惯的起点，是影响幼儿食物嗜好、养成良好饮食习惯的重要阶段。因此，要重视宝宝良好饮食习惯的培养。家长的行为会给宝宝的饮食习惯带来影响。比如，三餐不定时，宝宝想吃就吃，或总喜欢用好吃的零食作为奖励或引诱；宝宝不饿时，家长也给喂食等。这样一来，宝宝的饮食毫无规律，造成消化紊乱。宝宝年龄小，消化能力有限，喜欢吃的就多吃，很容易造成积食，引发其他疾病。所以，对于食量，家长要严格控制。

为您支招

如果宝宝的健康指标正常，家长不必过于在意，可以多带宝宝参加各种活动，转移宝宝对零食、食物的注意力。根据宝宝身体发育现状制定科学合理的餐点食谱及进餐间隔时间。如果宝宝出现肥胖征兆，要及时调整、控制食量和饮食类别，少吃高热量食品，加强锻炼。生活中要关注宝宝的身体生长发育状况，适当调整饮食结构。具体方法如下。

1. 按规律进餐。宝宝每日三次正餐，三次加点。正餐以主副食为主，合理搭配；加餐以水果或奶类为主。

2. 适当辅以零食。零食应以水果、乳制品为主，切忌正餐前半小时给宝宝食用。少吃含糖量高的零食，控制甜味饮料的饮用。

3. 定餐定量。早、中、晚餐按宝宝年龄、体重定量。宝宝出现不够吃的状况时，家长可以用其他物品或活动转移宝宝的注意力，将宝宝带离餐桌。

4. 环境调控。缩短家庭用餐时间；减少多人聚餐次数；食品离开宝宝视线范围，增加宝宝活动趣味。

119 宝宝爱吃糖怎么办?

宝宝两岁了,牙齿也长齐了,他特别爱吃糖,每天一睁眼就要糖,可我担心他会有蛀牙,那么该怎么限制他呢?

一般情况下,婴幼儿都对甜食有嗜好,而家长都知道吃糖太多,宝宝容易患龋齿,是需要想想办法解决这个问题。首先,家长要在一定程度上满足宝宝吃糖的口感,但是要跟宝宝说吃糖对于牙齿的坏处,所以宝宝吃糖后要学会漱口,一开始不会漱口,也可以喝几大口水,把水吞下去;大一点学会刷牙,尤其是晚间睡觉的时候不可忘记刷牙,形成保护牙齿的良好习惯。

向家长推荐一个适合宝宝心理特点的教育方法:提前表扬宝宝的进步。虽然宝宝已经明白吃糖过多的危害,但他还是常常控制不住自己,需要家长的提醒和敦促。家长故意神秘地跟宝宝说:"今天爸爸给我说了一个秘密,你想知道吗?"宝宝瞪大眼睛渴望听家长接着"忽悠":"爸爸说呀,如果宝宝今天少吃一颗糖,他会很高兴,很高兴的。"趁宝宝还一头雾水的时候,家长继续加油:"妈妈看宝宝能不能做到,如果你做到了,妈妈就把这个好消息告诉爸爸,爸爸一定会很高兴的,他会使劲地亲亲宝宝。"就这样,宝宝还没有做到的事情,家长提前表扬他,给他一种学习的自信和目标,将会大大提升宝宝的学习动机。

120　宝宝总尿床怎么办？

宝宝32个月，每天晚上上床睡觉时，总是尿床，家长发现这一情况后，就让孩子先小便再上床睡觉。可是不过5分钟，她又在床上尿了。现在每天睡觉前都要尿一次床，才能入睡。奖励、批评的方法都用了，可是对宝宝还是不起作用。

　　婴幼儿时期，宝宝的神经系统发育还不健全。对尿意的反应能力和控制能力有限。宝宝到了2—3岁还是只能白天控制小便，晚上常常尿床，这是正常的现象。宝宝尿床是有规律的，往往发生在晚上同一时间。引起尿床的原因也是多种的，有些宝宝尿床有遗传因素，多是男孩；有些宝宝尿床属于疾病，比如：尿路感染、蛲虫症、肾脏疾病等；有些宝宝尿床则因为精神因素，白天玩得过于兴奋；环境因素，气候变化、环境变化；卫生习惯，内裤太紧或更换周期较长等。家长要清晰地了解宝宝属于哪种因素造成尿床才能"对症下药"。

　　1. 淡化减轻宝宝心理压力。经常尿床的宝宝往往胆小、敏感，易于兴奋或过于压抑。因此爸爸妈妈要从培养宝宝的性格入手来纠正尿床的现象。当宝宝尿床时，淡化宝宝尿床的事情，转移宝宝注意力，不指责，抱抱宝宝把衣服换了，减小宝宝的心理负担；更不要责备、恐吓宝宝，那样只能使宝宝精神紧张，加重尿床现象。

　　2. 细致观察，找到宝宝排尿规律。宝宝排尿是有规律可循的，细心的家长会发现，宝宝在醒着的时候一般喝完水都会在一定的时间内排尿。家长可以找到规律，提醒宝宝小便。有的宝宝在小便前会突然停止说话不动、停止当前的游戏或者要你用手去捂，甚至表情发生变化。当家长发现这些现象，一定要及时提醒宝宝如厕。宝宝睡着时，小便也有规律可循，一般在熟睡2—4小时，找到规律就能够帮助宝宝解决尿床现象。

3. 建立科学的生活习惯。爸爸妈妈要帮助宝宝建立科学的生活习惯。要注意勤给宝宝清洗局部，勤换内裤，尿湿后更要及时更换；睡前不看惊险的电视或讲恐怖故事；白天不要让宝宝玩得太兴奋，临睡前不要喝太多的水；每天坚持午睡，便于夜间叫醒。

121 宝宝不用尿不湿，能睡个安稳觉吗？

我的烦恼

宝宝32个月。1岁前基本都用尿不湿（全天），1岁后只有午睡和晚上睡觉时用，2岁前后午睡时也不用了，只偶尔尿床。现在只有晚上还在用。我觉得他这么大了，应该可以不用了，而且天气也越来越热了，正好适合（万一尿床了，换被褥衣服时不会太冷）。但他一直与我们分床分室而居，我不知道夜间何时给他"把尿"，而且他睡前要喝一瓶200ml的牛奶，不适用睡前少喝奶、喝水这一条。专家有没有可以借鉴的经验，可以让他既能睡个安稳觉，又尽量少尿床呢？

为您点拨

"尿不湿"的突出特点是吸水和蓄水量大得惊人。其吸收生理盐水是自身重量的40~60倍，吸收纯净水是自身重量的500~100倍。所以小孩尿尿不必担心尿湿裤子，流出的尿会被它全部"喝"光，因此俗称"尿不湿"。专家建议婴儿在1—4个月的时候使用尿不湿，而且最好白天不使用尿不湿，如果一直使用尿不湿会让孩子养成习惯性随意小便，现在欧美一些孩子4周岁的时候还在使用就是因为尿不湿让孩子养成了习惯性小便。

为您支招

针对上述宝宝的情况，家长给宝宝把尿要有一定的规律，就是常说的按点儿把尿。如果宝宝能够接受在熟睡时把尿，家长就要按时按点去；如果宝宝不接受在熟睡中把尿，也可以多准备几套被褥和尿垫，一旦宝宝尿湿可以帮他更换。宝宝随着年龄的增长和对尿尿意识的增强，逐渐会用语言表达，如："妈妈尿尿、有屎、嘘嘘……。"

总之，家长想要让宝宝睡个安稳觉，自己就要勤观察、勤记录，寻找宝宝夜间睡觉规律，尽早摆脱尿不湿，养成宝宝良好的排尿习惯。

122 宝宝入睡难怎么办呢?

宝宝32个月。从出生开始就经常由家长轮流抱着入睡。有一些书上说不能老抱着孩子睡,否则养成习惯就老要抱着睡了。可他这个习惯根本就不是养成的,是"天生"的。放下就哭,抱起来就睡。抱多久睡多久,放下不超过二十分钟准哭。十个月大时达到顶峰。后来,慢慢有所改善。现在倒是不需要再抱了(偶尔也要抱,直至睡着,但次数少之又少),可是要人在床边陪着且半天不睡。别的孩子放下20分钟睡了,他可能2个小时才睡着。尤其是晚上,上床时明明还比较早,等睡着了又十一二点了。怎么办呢?马上要上幼儿园了,要是在幼儿园午睡也这样,那岂不是等大家都起床了,他才睡?

德国蒂宾根大学精神治疗医师安格莉卡·施拉布说,一些幼儿夜晚不愿上床睡觉,父母们得经常把他们从客厅赶回卧室。这在某种程度上是正常的,但如果孩子要用半个多小时才能入眠,每周出现这种情况的次数超过三四次,而且持续发生一个多月,这时孩子就出现了明显的睡眠紊乱,需要及时就医,以判定是否孩子身体出现了问题。柏林的心理学家海伦娜·哈姆斯说,孩子做噩梦并在半夜惊醒也是正常的,但如果这种现象在一段时间内经常发生,可能意味着孩子意志消沉或精神压力大,父母对此不能忽视。

如果孩子并没有出现睡眠问题,但经常用"渴了"、"饿了"等借口不愿按时上床睡觉,那么父母们就有必要反省一下是不是给孩子立下了

"好规矩"。父母需要给孩子们立规矩，例如睡觉前最多只能讲几个故事，并按规矩办事。如果孩子必须依赖某种形式才能入睡，例如必须让妈妈搂着才能睡着，这通常意味着孩子非常焦虑不安，父母需要给他们一种安全感。再如白天作息不规律也是幼儿夜晚出现睡眠问题的常见原因之一。让孩子们有规律地玩耍、饮食及作息，有助于帮助他们入眠。

123 宝宝睡觉不安稳怎么办？

宝宝32个月，睡觉很不踏实，刚入睡时汗多。夜间12点以后开始不停翻滚、躁动不安，有时还哭。总之，宝宝较其他孩子，睡眠时间晚、睡眠质量差，家长很苦恼。

睡眠不安是指睡眠不深、辗转反侧、易醒。造成宝宝睡眠不安、半夜啼哭的原因很多，大致可分为生理性原因和非生理性原因。生理性原因包括身体器官疾病、身体不舒服等。非生理性原因有很多，如家庭不和睦、天气变化、夜里过于频繁把尿等原因造成宝宝紧张而睡不安稳；或者宝宝白天受到某种较强刺激，入睡后容易惊醒。另外，有些宝宝天生神经较为敏感，也容易发生夜啼、睡觉轻，一点响动就会惊醒。

如果是生理性原因，家长要及时带宝宝到医院就诊，解除身体不适。如果排除生理性原因，可以尝试以下方法。

1. 适当减少宝宝白天睡眠时间，养成良好的睡眠规律。
2. 在和宝宝玩游戏时，动作适宜，切忌过大过猛，避免受到强烈惊吓。杜绝给宝宝看有暴力、恐怖情节的电视。
3. 户外活动量不宜过大，保证劳逸结合，睡前半小时内不要大量饮水。
4. 营造温馨、和谐的家庭氛围，家长要避免在宝宝面前争吵，微笑面对宝宝。
5. 要坦然面对和接受宝宝的夜啼和不睡觉的行为，多正面引导和鼓励，放一些优美的轻音乐安抚宝宝入睡，帮助宝宝克服不良的睡眠习惯。

124 宝宝睡觉总是做噩梦怎么办？

我的女儿两岁半了，生得乖巧伶俐，人见人爱，但不知什么原因，她晚上睡觉总是不安稳（已有一年多），天天晚上说梦话，梦中惊醒后便哭。最要命的是，她晚上越睡不好，白天就越烦躁，动不动就哭。我们应该怎么办呢？

宝宝晚上睡不好，说梦话，醒后便哭，说明宝宝做噩梦了。缺钙、生病或者其他一些生理原因都会导致宝宝做噩梦，同时，两岁半的宝宝已经有一定的记忆力和想象力，"日有所思，夜有所梦"的心理原因导致噩梦的现象会逐渐增多。做梦是大脑低级思维的表现，相应的大脑皮层活动处于低水平的粗糙加工状态，把已有的经验以错误的、离奇的、幻觉的混乱形式呈现出来。

为您支招

宝宝白天遇到不开心的事情，晚上有可能被大脑加工成噩梦，惊醒之后家长不要追问迷迷糊糊的宝宝做了什么梦，家长要安慰和陪伴她，帮助她再次入睡。同时，家长要关注宝宝白天的生活事件和情绪，并与幼儿园老师密切联系，了解宝宝在幼儿园的反应，观察宝宝是否看见或者听见什么吓人的事物，以后尽量避免宝宝遇到类似的情境，让她有足够的安全感。另外，睡前不要让宝宝听可怕的故事，也不要因为宝宝调皮捣蛋而吓她，再给宝宝洗个热水澡，让她的心情放松舒畅，都有助于宝宝睡个好觉。

125 宝宝看动画片影响睡觉怎么办?

我从网上下载了一部动画片,儿子每天晚上都要看一遍,每天都是重复看,每次大约2个小时。不管多晚想起来就要看,不让看就哭闹个没完。可是这样一味地满足他,睡觉就太晚了,我该怎么办呢?

即使睡觉不太晚,也不宜让宝宝一次看2个小时的电视,这对小宝宝的视力伤害很大,以后矫正起来非常困难,视力不好将会影响宝宝一生的身体健康,这是一个不可妥协的生活规则。至于不让他看,他就哭闹个没完,是因为他每次哭闹都迫使家长满足了他的要求,所以一旦家长拒绝他,他就拿起这个武器让家长就范。如果宝宝养成这样跟家长交往的习惯,他就会拿这一武器满足自己的所有不合理需求,那以后家长遇到的烦恼就更多了。

家长要坚定地拒绝宝宝的不合理要求,让他明白哭闹也没有用。当然,在最初的一段时间,你要提前并反复交代宝宝:"今天你早点看动画片,而且只能看一遍。"让他记住家长的这个要求,并逐渐明白和接受自己哭闹家长也不动摇的事实,渐渐改掉要挟家长的不良习惯。

126 怎么培养宝宝独立睡觉？

我儿子2岁9个月了，现在晚上睡觉都想我在他身边陪着。我想让他学会独立睡觉，但儿子洗完澡，只要看到我不上床，他就一直大呼小叫的。有什么办法让他一个人睡觉呢？

如果宝宝还不适应在幼儿园单独午睡，你就有必要训练他在家里独自睡觉，并帮助他把这一成功经验迁移到幼儿园环境中，适应幼儿园集体生活规则。否则，你就没必要非得让宝宝自己睡。原因是这样的，宝宝上幼儿园离开家长一整天，他特别希望晚上能跟家长亲近，尤其是小宝宝对家长还有强烈的皮肤饥饿感，得到家长的摸摸、拍拍、抱抱、亲亲，他会觉得满足、温暖和安全，这些感觉将积极地促进宝宝的健康心理发育。

如果你坚持想训练宝宝在家自己睡觉，就得采取循序渐进的方法，例如一开始你坐在床边拍他睡着再走，他适应以后，再改成开昏暗的台灯伴他入睡，然后开着门让他自己睡，最后让他完全自己睡，要根据宝宝的适应程度确定训练步伐，给宝宝一个安全的过渡期。

127 怎样让宝宝愿意洗澡？

宝宝30个月，宝宝小时候没有不爱洗澡的，现在不知为何对洗澡很不喜欢，特别是洗头的时候，会哇哇大哭，我怀疑是眼睛进水不舒服所导致，不知如何克服。

宝宝不喜欢洗澡一定是出于对洗澡的恐惧，这一点从宝宝不愿意洗头、怕眼睛进水就能判断出宝宝有过这样的亲身体验。这就是"一朝被蛇咬，十年怕井绳"的道理。由于宝宝怕眼睛进水，他会害怕每一次洗澡，拒绝与洗澡相关的任何的事情，久而久之，宝宝会越来越适应不洗澡的感受，对洗澡就更加排斥。

帮助宝宝爱上洗澡其实很简单，首先，开发水上游戏，让宝宝爱上浴盆。在浴盆里放上多半盆水温适合的洗澡水（不放任何洗涤用品），带着宝宝给玩具洗洗澡，让宝宝逐渐感受玩水的快乐。告诉宝宝："小鸭子有点怕水，你陪着小鸭子在水里待一会儿好吗？"当宝宝到水里后，可以再给宝宝几件玩具，让宝宝继续享受水中游戏的快乐。其次，尝试仰面洗头，防止洗头水进眼睛。家长在给宝宝洗头的时候，把淋浴的出水量调小，让宝宝感受不到强烈的水流。用手拖住宝宝的后脖子，洗头要从后脑勺开始洗，慢慢过渡到整个头部，脑门的地方用手轻轻带过一些水洗一洗就可以了，这样做就不会把水弄到宝宝的脸上，不会让宝宝误以为水会掉到眼睛里了。最后，为宝宝提供自己做事的机会，如自己洗脸，给自己擦爽身粉等。宝宝自己动手能体会更多洗澡的快乐。

128 宝宝与幼儿园的作息时间不一致怎么办?

宝宝31个月，在家里每天10:00钟起床要到下午16:00才开始睡午觉，大概19:00左右起床，再次入睡时间为夜里12点。于是我特意给孩子报了下午的半日班，想在这几个月里把孩子的作息时间调整一下。每天15:00来园后宝宝和其他小朋友一样玩耍着自己喜爱的玩具，在集体活动中他的表现也还好，可是每当到16:00以后，他就开始闹觉了，玩得好好的，不知道什么时候只要不如他愿就会哭闹不止，而且怎么说都不行，一直哭到回家躺下睡着为止。

宝宝的作息习惯是由重复或练习而固定下来的行为方式。合理的作息习惯能保证宝宝健康、安全地生活，又能使宝宝获得心理上的安全感和归属感，养成良好的情感和个性心理品质。

2—3岁的宝宝晚上上床睡觉时间一般不应超过晚上8点，夜间11点左右叫醒宝宝小便一次，早晨应在7点左右起床。中午一般在12点左右入睡，午睡时间2小时左右，午睡时间不宜过长，以免影响宝宝晚间的睡眠。作为家长要将宝宝的作息时间逐渐调整为与幼儿园的作息时间一致。不要着急，逐步进行调整，先从每天早晨10:00钟起床开始调整。开始阶段先调整为9:00钟起床，稳定一段时间后，逐渐再调整为8:00钟起床。以此类推，调整到与幼儿园作息时间一致。这样宝宝会逐渐过渡，有一个适应调整的过程。若该起床时宝宝还没有醒来，父母可用一些温柔的方式唤醒宝宝，如喜欢的音乐、玩具、食物等来引逗。当宝宝不肯睡觉时，父母可以陪宝宝躺在小床上，固定给他讲一个故事，告诉宝宝一个故事讲完就应该睡觉了，以此来逐步培养。另外在宝宝睡前，不要加餐，不要让宝宝过度兴奋，为宝宝创造良好的睡眠环境。

129　怎样让宝宝喜欢运动？

我的宝宝不擅运动，10个月的时候才会往前爬，现在他26个月，我带他去小区幼儿园玩，别的同龄小孩都在攀爬架上玩得很愉快，而他则害怕地站在一边，我鼓励他去玩他也不去，我想是不是因为他没有体会到攀爬的乐趣，我能把他直接放到攀爬架上吗？

宝宝不敢攀爬，说明他对攀爬的难度和危险性具有自己的预测，或者他对攀爬活动缺乏兴奋点，在他还没有做好心理准备的时候，不要把他直接放到攀爬架上，这样会吓着他。宝宝之间的运动兴趣和运动能力是不同的，家长不宜强求和盲目攀比。

你可以采取适合宝宝心理承受能力和难度适宜的攀爬训练，让宝宝先爬高度和难度都较低的架子，最初家长要帮助宝宝，扶好他，使他有安全感，还可以在小朋友少的时候，带他来训练攀爬，以减轻他的心理压力。此外，在一定高度放一个他喜欢的新颖玩具，告诉他如果攀爬上去够下来，这个玩具就是他的了，这将对宝宝产生很大的诱惑力，一旦宝宝体验到攀爬的乐趣，他就不再畏惧攀爬了。

130 怎样让宝宝喜欢纵情跑跳?

宝宝33个月,大动作完成得不好,向上爬、跳,不太协调,胳膊不太会用力。扔球动作也不太协调,似乎宝宝天性不太喜欢纵情跑跳,怎么办呢?

首先,要排除宝宝是否有"感统失调"的问题。感统失调的症状和障碍表现为:动作协调不良,这类宝宝自身平衡掌握不好,容易摔倒,很难掌握翻滚、跳绳、骑车等动作;本体感不佳,这类宝宝缺乏自信,消极退缩,语言能力不佳,手脚笨拙。

其次,家长要反思宝宝成长过程中是否按照俗语说的"三翻六坐八爬"的方式对宝宝进行训练;是否平时带宝宝到户外活动得少,很少让宝宝自己在路上走跑。如果宝宝总是在家长的怀抱里长大,从小就很少运动,宝宝也会表现得不爱运动。

如果宝宝有以上这些症状,会造成宝宝学习和人际交往的困难,应尽快请专家予以针对性的治疗。如果排除感统失调的可能,就要为宝宝提供较安全的户外活动场地,最好是塑胶操场,带着宝宝一起跑跑跳跳地做运动。可以约上一两个小伙伴,与宝宝一起在操场上游戏。家长还要给宝宝充足的游戏机会,不要因为一两次的摔倒而不敢让宝宝再次游戏,要把家长对宝宝的爱收一半,让宝宝在不断地奔跑游戏中体会到运动的快乐,更加激发宝宝对运动的兴趣,从而提高宝宝的四肢协调性,这样才能让宝宝喜欢上跑跳。

131 宝宝不主动说话怎么办?

女儿3周岁,语言发展得很好,但不愿表达,想要什么,要做什么从来不说,总要别人问她。对别人的问话不是点头就是摇头,在幼儿园只跟一个小朋友玩,回家问她幼儿园里的事,她也从来不说。在家她做事说话特别在意别人的想法,很难问出她的心里话。我们大人经常要和她猜心事,很担心她会不会自闭。

为您点拨

判断宝宝是否患有自闭症有一些简单的方法:家长跟他说话的时候,他不与人产生目光对视;问他问题的时候,他只是重复你的问题却不回答;而且平常喜欢玩一些比较机械和重复的游戏,例如反复转圈摇摆的游戏,还有的宝宝喜欢反复背比较长的诗歌,做枯燥的计算等,这反而让家长感觉宝宝很聪明,智力没问题,但家长常常忽略宝宝不能跟人正常交往的问题,出现这些情况,家长应该带宝宝到专门的儿童心理诊所诊断一下,早发现早治疗。

为您支招

如果没有以上情况,就表明宝宝有语言表达能力,但是缺乏表达的主动性,而且跟人交流的选择性比较强,不愿意跟人广泛交流,性格敏感、比较内向。像这种情况,家长不要急切地强迫宝宝说这说那,而是抓住她的兴趣点,鼓励她充分表达自己对感兴趣的事物的看法,帮助她积累主动交流的愉快体验和成功经验,渐渐地,她说话的主动性会沿着这个兴趣点迁移,进而改善不主动交流的状况。

132 宝宝喜欢大叫却不说话怎么办？

宝宝28个月，在亲子班点名时，老师用和小兔子打招呼问好来吸引小朋友，每个孩子都能说出自己的名字并和小兔子握手，到宝宝时，看着小兔子兴奋地笑着伸手去拽，就是不说出自己的名字，家长带着她也不说，再让她说就开始大叫。老师说一会儿再告诉小兔子，她站起来就跑了。怎样能让宝宝愿意与他人交流呢？

宝宝这个阶段正处于学习语言的最佳时间，口头语言的发展不仅是幼儿语言发展的重要方面，也是小学学习书面语言及获得其他知识经验的必要条件。

家长以微笑的表情开始与宝宝交谈，给宝宝轻松、自由的交谈氛围，促使宝宝有交流的愿望，表达的积极性得以激发。家长不要轻易对宝宝说"不"，如果宝宝的表达总是被排斥和否定，会使宝宝有挫折感，从而失去表达的愿望与兴趣。尊重个体差异，不要刻意要求宝宝与别人交流，造成心理压力。可以以角色游戏的形式，引导宝宝自由、主动地进行对话。

133 怎样培养宝宝善于表达的能力？

宝宝32个月，上亲子班已经一个学期。经过近半年的幼儿园生活，有了一定的进步。如：上课能专心听，做手工、玩玩具、看书、做游戏都能较主动地完成，并能按老师的要求把书和玩具放回该放的地方。但有些问题也让我们感到困惑，主要是他的性格相对比较内向，腼腆，在众多小朋友面前不善于表现自己，不爱说话。上个学期已经有了一定的好转，但寒假后又有所回头，做得不尽如人意。希望在新的一个学期中在家长和老师的共同努力下，使孩子能更快进步、茁壮成长。

宝宝这个阶段正处于学习语言的最佳时间，口头语言的发展不仅是幼儿语言发展的重要方面，也是小学学习书面语言及获得其他知识经验的必要条件。说话是口语在生活中的运用，可以用说话来表达个人的意愿、感受、述说生活经验，发展人际关系。幼儿期说的能力包括发音清晰正确、用词恰当、语句连贯、语法正确、表达清楚流畅。因此，发展和提高宝宝说的水平和能力是语言发展的重要标志。

家长要利用一切机会主动和宝宝交谈，如穿衣、如厕、吃饭、玩耍时要随时与宝宝交流。可以用宝宝喜爱的玩具激发宝宝说的欲望。

家长与宝宝交谈时要有耐心，让宝宝感受到别人想与自己交谈的善意，感受到与别人交谈的愉悦感。家长的肯定与启发对宝宝交流的积极性很重要。

家长要有意识地为宝宝多创造与同伴玩耍的机会，让宝宝逐步适应家庭以外的环境，相信宝宝有与同伴交流的方法和能力。另外，尊重孩子的个体差异，不要给孩子过多的压力。

134 宝宝爱插话怎么办?

我的烦恼

宝宝29个月,刚上亲子班的时候,上课的时候不讲话,也和老师没有什么互动,不知道是不是在听,但是很安静。现在年龄越来越大了,越来越喜欢回答老师的问题了,也和老师有互动了。可是不仅仅是简单的互动,老师拿个教具出来还没说话,她就会说:"我有,我也有。"别的小朋友也会跟着学,于是就有点乱,这样会影响其他的小朋友听课,也会影响自己的倾听习惯,我该怎样给她讲道理呢?

为您点拨

24—36个月的宝宝最常见的社会体验是试图保持其他人的注意,因此宝宝"插话"可能更多的是出于希望得到成人的社会关注。在这个阶段,重要的是要确保宝宝在保持成人注意时,所使用的方法是能被社会接受的、合理的且有效的,并确保宝宝知道何时停止。倾听是宝宝感知、接收语言信息和理解语言的具体行动,是说的前提和基础,是一种能力,也是一种交流途径。

为您支招

当宝宝在对你说话时,眼睛要看着孩子,不要随便打断孩子的话,要从听的过程中了解孩子的想法,并通过自己认真听的行为来引导宝宝学习良好的倾听习惯。提示宝宝学会控制自己,不随意打断别人的谈话,如果有问题或者想表达,可以在别人讲完以后再说出来。另外可以有强化的方式,帮助宝宝认识保持社会关注的合理方法。如在宝宝插话时,成人不给予任何关注(不理会他),而当宝宝耐心倾听完别人的话后,则给予宝宝适当的关注(如表扬、肯定或拥抱)。

135. 宝宝总说反话怎么办？

宝宝30个月，爱说反话。例如：我说大的东西，她说小；我们说你要穿这件花衣服，她说要穿不花的衣服。我们说有的图形明明是圆形，她就说半圆形。我们现在有些困惑，不知道怎么教育她。有时候教她唱我是一棵老松树，她唱我是一棵爷爷松树，问她为什么唱爷爷松树，她说就是爷爷松树。这样的问题怎么改也改不过来，请问该怎么解决呢？

爱说反话是孩子的一个成长阶段，几乎所有的孩子都有这样一个过程。只是有的宝宝明显、持续时间较长；有的宝宝则不明显、持续时间很短。爱说反话既是孩子和成人的游戏，又是孩子与成人的对抗。遇到这样的问题，最关键的是不要纠正，否则会强化孩子说反话的频率。

30个月以后的宝宝开始有了自己最初的想法、个性，主动探索、自己做主的动机越来越强。这时的孩子最不喜欢的事是成人的要求，他们喜欢父母的参与、和他们一起玩、一起探索。爱说反话常常发生在父母提出指令以后。这原本是成长过程中的小插曲，会随着成长而消失。有些父母往往对孩子成长中的所有事情过于关注，事实上大可不必。如果真的觉得需要介入，身教比言教重要，动作比说理重要，忽视比关注重要。当宝宝说反话的时候最好的方法是忽略，过分强调只能更加强化、加深宝宝对事物的记忆，从而延长爱说反话的时期。

136 宝宝稍不顺心就哭怎么办？

宝宝33个月，略有不顺心就会哭个不停，很难安抚，甚至无理由哭闹或者提出不合理要求，如果不满足就会哭闹。但孩子这种现象并不是持续的，而是每隔一段时间就会发生。

当宝宝无理由地哭闹时，我们首先要考虑几方面的问题：（1）宝宝身体不舒服，如感冒了，浑身不舒服，自己又说不好自己到底哪里不舒服；（2）游戏时间过长，宝宝已经很累了，需要喝水或吃点东西休息一下的时候，但是他不愿意停止游戏，还想玩，在宝宝内心双重矛盾的情况下，就会产生无理的哭闹；（3）遇到自己解决不了的事情，宝宝不能直接表达自己的想法，而家长对宝宝的处境又不能马上做出及时的反应，这时的宝宝会因为自己不被理解而哭泣。

首先，排除身体不适的可能。询问宝宝有无生病受伤的可能。观察询问宝宝是不是哪里不舒服了，从上到下地逐一询问，排除受伤的可能性。其次，用吃喝等方式，帮助宝宝休息一下。"宝宝我们吃点东西，补充能量后再接着玩。"可以承诺宝宝吃（喝）完东西，马上就可以玩。在宝宝吃东西的时候，家长应帮助宝宝适度调整休息时间让宝宝充分休息。再次，参与宝宝的游戏，与宝宝一起迎接挑战。由于宝宝年龄小，不能清楚地表达自己的意思，我们可以跳跃提问的方式，帮助宝宝寻找解决问题的关键，与宝宝一起共同解决问题。总之，宝宝哭闹的原因不一定是一个原因，有可能有几个原因导致，我们要先从健康角度发现问题，就不会耽误最佳治疗时机。

137 宝宝爱哭怎么办?

宝宝33个月,爱哭,如果遇到问题没有按照他的意愿,还没有用语言说出自己的反对意见,就哭了,哭了之后,眼泪不止,也更表达不清楚了。我们跟他说过好多次要说出自己的意愿,不要哭,不怎么管用。

宝宝遇到自己不如愿的事情就哭,说明他觉得自己受了委屈,由于语言表达能力弱,泪腺分泌泪水较多的原因,使宝宝看起来像个泪人。这个时候家人问其原因,宝宝语言表达能力有限,在家人的再三安慰和追问下,宝宝内心会更着急,越着急,越说不出来,就会觉得大家都不理解自己,就更伤心,眼泪就更止不住了。

首先,接纳和关心宝宝的不良情绪,允许宝宝哭泣。其次,猜测宝宝伤心的理由。可以用选择题的方法,帮助引导宝宝表达自己哭泣的理由。家长可以先蹲下来跟宝宝平静地交流:"宝宝你遇到什么难题了,这么着急,需要我来帮助你吗?"家长在接纳和关怀他的同时,用坚定的语气,与宝宝一起寻找这次哭的原因。在宝宝哭闹时,不要一味地强调不要哭了,因为对于宝宝来说,他不能控制自己的情绪。等事情解决了,适时地引导宝宝懂得,哭只能延长解决问题的时间,不能解决自己需要解决的问题,要想办法把自己需要成人帮助的地方及时用语言或动作告诉他人,这样才能解决问题。

138 宝宝比较娇气怎么办？

宝宝30个月。现在的孩子比较娇气，自理能力差，如何能加强生活自理方面的培养，让宝宝从小养成自己的事情自己处理的习惯。

随着宝宝动作技能和自我意识的发展，幼儿开始有了学习自我服务并为别人"帮忙"的愿望和兴趣。往往这时我们的家人怕孩子摔倒，怕宝宝吃东西脏，就用包办代替的方法，让宝宝错过了锻炼的最佳时期，宝宝的自理能力当然会表现得比较弱。时间长了，宝宝就会产生怕自己做不好，或是一定有家长帮忙的心理，用撒娇来告诉家长自己不想做这些事。

1. 抓住宝宝最佳教育契机，鼓励宝宝自己能做的事情自己做。如：一旦学会了走，他就乐意走来走去，帮大人拿东西；一旦学会用勺子装东西，他就会乐此不疲地练习自己刚刚掌握的这一技能。这正是培养宝宝独立生活能力的最好契机。
2. 用游戏方式，引导宝宝自助完成自己的事情。
3. 帮助宝宝树立自信，告诉宝宝你一定能做好。
4. 教宝宝如何做事。引导宝宝怎样做好一件事，教方法，创造更多的练习机会。

139 如何培养宝宝的耐性?

宝宝2岁7个月,做事情有头没尾,没有长性,我想知道该如何培养幼儿的耐性?

宝宝越小,注意力持续的时间越短,加上周围环境中如果有太多吸引他注意力的事物存在,他的注意力就越容易分散,因此,宝宝做事情常常会出现"三分钟热度"的情况。况且,不同的宝宝,注意力持续的时间也不同,有的宝宝注意力集中的时间长一些,有的则短一些,没有必要去做横向的比较。只要是对他喜欢的事物,宝贝能集中注意力,那就说明他的注意力不存在问题,也无需怀疑他是多动症。

1. 从兴趣着手,因势利导。宝宝做事之所以不能持之以恒,最可能的原因是宝宝对要做的事情失去了兴趣。因此,要培养宝宝做事持之以恒的好习惯,首先需要了解宝宝的兴趣所在,为宝宝创造各种能够吸引其注意力的机会,并尽量延长宝宝的有意注意时间。如宝宝喜欢涂鸦,就提供给他颜色鲜艳的图画书、不同材质的彩笔等,家长可以先进行简单的示范和引导,吸引其注意,并可以通过请宝宝画图讲故事、和宝宝比赛等方式鼓励宝宝主动进行深层次的探索。同时注意在有意识培养宝宝耐性时要尽量排除外界的干扰,不要给宝宝过多的不相关刺激,如选择相对安静简洁的环境,选择宝宝比较平静的时间段。

2. 制定适合宝宝的目标,逐渐提高要求。培养宝宝的耐心不能只是单一的操作性练习,不能操之过急,要在宝宝的最近发展区内制定一个适当的目标,为他找到"最恰当的苹果",让他在品尝成功的甘美的同时也感受努力的乐趣。同时家长也不要操之过急,慢慢增加宝宝注意力集中的时间和强度,每当宝宝达到阶段目标,或是有较大进步时,要及时给予宝宝积极的肯定,加强宝宝的成就感和自豪感,从而巩固该行为,并积极主动地完成下阶段目标。

140 如何让宝宝听话不再任性?

宝宝27个月,在家里比在外面任性,稍有不如意就往地上一躺,开始哭闹,就算打他也不行。一般都是老人和父母一唱一和才能哄住。大家都说孩子不能老批评要以表扬为主,如果家长太严厉,大声训斥孩子,容易给孩子心理发育健康影响:比如孩子胆小怕事。但是孩子的任性,怎么办?应该如何处理比较好?如何引导一个孩子在幼年时期管理自己的情绪?

有的父母常抱怨自己的孩子脾气怪,犟得很,不让他做的事偏要做,要不就哭啊,闹啊……这些是否孩子任性呢? 随着孩子自我意识的成长,大多数的孩子会出现一些任性的行为,尤其是在2—4岁最为常见。一些爸爸妈妈对孩子过于溺爱、娇惯,凡事都顺着孩子的心意。一旦某件事不能按照孩子的想法去做,孩子就会任性地大哭、大闹。如果爸爸妈妈为此而心疼做了第一次让步,这就让孩子意识到他的这种做法十分有效,以后就会不断使用这种手段来达到自己的目的,这就滋养了孩子任性妄为的坏毛病。

在与孩子沟通时,一定要认真聆听他说话,让他感到父母对他的重视与尊重,这样孩子小小的自尊心就会被树立起来,他也会在与大人的谈话中,认真思考自己想的和做的,表达自己的意见,这对孩子的理性思维习惯也有良好的帮助。家长要注意做到以下几点。

1. 家长应要求孩子有一定的行为界限,引导孩子养成良好的习惯。要让孩子明白,什么事该做,什么事不该做,并鼓励他坚持执行。而不是简单地跟孩子说"就这一次啊"、"下不为例啦",等等。对孩子超越行为界限的事,决不能迁就,否则,只会娇惯孩子,助长其任性的毛病,以后难以改正。还须注意的是:父母教育必须一致。

2. 在孩子任性时，父母要善于把孩子的兴趣引开去，转移他的任性。例如，孩子进入超市，吵着要买糖果，看见气球，又闹着要气球，此时，父母可设法让孩子去观察某一事物，使他忘掉刚才哭喊着要的糖果、气球。

3. 父母要注意教育方法，要有耐心。当孩子哭闹时，父母可采取漫不经心的态度，让孩子感到，他的哭闹吓唬不了谁，让他渐渐安静下来。有的孩子自尊心太强，父母可适当给他一个"台阶"，帮他"收场"，然后再通过"拥抱—对视—谈话"的方式进行教育。拥抱，可使孩子感受到，虽然他做了错事，父母还是爱他的，使孩子对父母不产生抵触情绪。对视，可让孩子从父母的眼神中，感受到父母对他的爱，和对他任性的不喜欢。谈话，要简短明了，使孩子在保持自尊心的前提下，明白自己错在哪里，今后该怎么做。

141 宝宝太情绪化怎么办？

宝宝33个月，在家人以外不太爱说话，害羞、胆小，宝宝知道如何问候，却故意不说。对陌生人讲话情绪化，心情好，看这个人顺眼就说话。

现在的宝宝都独处惯了，容易形成"不合群"、"不理人"等问题。其实宝宝原本有与人交往的需要，但如果我们不给他们提供机会，宝宝的需要就会渐渐降低，甚至顺应了"孤独"。独生子女的成长环境比较容易造成孩子"不善交往"的习惯。

多带宝宝到户外或朋友家里做客，帮助宝宝逐渐适应家以外的其他环境。在外出前要适当给宝宝立规矩，教宝宝外出时要尊敬长辈，懂礼貌，见人要打招呼，做有礼貌的好孩子。到了别人家不能随便翻东西，邻居家有客人时要自动回避；不随便吃人家的东西，更不能不得到人家的允许拿走别人家的东西。宝宝通过多次与外面的人的频繁接触，性格会慢慢变得开朗，有礼貌，学会如何与人交往，还有助于宝宝更早地接触社会，了解他人。

142 怎样应对宝宝无理取闹？

宝宝2岁7个月，她很喜欢玩具，只要让她看见他就一定要我们给她买，不给她买就会哭得非常厉害，让人不忍心不给她买。家里已经有很多玩具了，还是要买，这让我们全家十分苦恼。

现在您的孩子的想法是：不知道爸爸妈妈会不会给我买，但我一哭闹，他们肯定就会买。有了这种想法，他们就开始用哭闹的方式来得到自己想要的东西。

从心理学上讲，延迟满足能力在一定程度上能预示他个人成就，因此，不能一哭就给买。做父母的首先要有自己的原则：什么情况下可以给他买零食，什么时候不能给他买零食，你必须坚持一个原则。有了一个固定的原则，你就要把这个原则告诉孩子，并让他遵守，该买的时候，要毫不犹豫地买，并告诉他为什么要买，不该买的时候，坚决不买，并告诉他为什么不买。当然，有时候孩子自尊心很强，坚决不买会伤他面子，这时候可以提出一个合理的变通方案，但原则决不能改变。这样，孩子在要求买之前，他自己会做一个考虑：这种情况下，父母会不会答应？如果他认为很可能会买，就会提出来，并且给你讲理由，没有理由他就不会提，提出来你也会以他意料之中的理由回绝他，他就不会哭闹了。

143 宝宝蛮不讲理怎么办？

宝宝30个月，最近他在家里只要不满足就哭闹，动不动就发脾气，你让他自己去小便，他就喊"我不尿尿"，让他干什么，他都说"不"。有时候发脾气还爱摔东西，拿起什么想都不想就扔到一旁。怎么讲道理都不行，对他冷处理，他就抱着大人的腿闹，哭闹之后给他讲道理他也明白。我们该怎样对待这样情况呢？

幼儿的情绪存在着易冲动、不稳定及外露性的特点，情绪的变化会直接影响到孩子的行为。因此弄清楚孩子的情绪变化的原因是理解和引导其行为的关键。积极的情绪不仅可以成为幼儿积极学习行为的动力，也可以为幼儿良好个性品质的形成奠定基础。

要善于接纳和识别宝宝的各种情绪。影响宝宝情绪的原因有很多，如：同伴交往不良、家庭的变化、身体的不适、需要得不到满足等都会引起孩子的情绪变化。家长一定要深入了解、观察，帮助宝宝解除心中的忧虑，同时，允许宝宝以适当的方式表达自己的心情。另外，鼓励宝宝把心中愉快和不愉快的事情说出来。同时值得注意的是，在进行"冷处理"时要坚持原则，不能因为宝宝的哭闹而心软或是采取过激行为。

144 宝宝情绪反复无常怎么办？

宝宝33个月，作为家长我们非常希望宝宝能够有好的性格，有句话叫做"性格决定命运"，因此快乐、积极、灵活的阳光心态，将对宝宝的人生起到关键性的作用。但是目前我们感觉宝宝的情绪即对事物的认知判断变化无常，有时高兴，接受事物也很主动；有时就会发脾气，对任何事物置之不理；没有任何外界的干扰和变化，宝宝面对同一件事情，就会有不同的反应，不知是心里有想法，还是心情不好，还是有什么顾虑，宝宝不说我们也捉摸不透，因此对于孩子的情绪控制和引导是我们目前感觉比较难的事情。

宝宝的反抗心理在2岁时容易在心灵播下种子，过了3岁反抗心理往往以反抗行为表现出来。宝宝的性格特点导致，她在不同的事情上会按自己当时的心理情况表达自己的情感。2—3岁的宝宝的语言能力发展与思维能力发展不协调，导致事情的发展不能按自己的意愿表现出来，宝宝对某件事物的期望心理，决定了其心情的程度。宝宝的表现程度的不同，使家长感觉到宝宝的情绪难控制，不知道自己该如何处理宝宝当时的行为。

家长对于宝宝的教育意识非常强，这样有助于家长更好地认识宝宝的问题，对宝宝实施更有针对性、有步骤的培养措施。方法一：给宝宝提供可模仿的对象。如设计不同的场景，当一个新玩具出现了，宝宝要想得到这个玩具应说什么，做什么。家长在家可以先创设情景，然后再让宝宝反复练习，这样为宝宝提供了解决的方法，宝宝再遇到类似的情况，会知道自己该如何做了。方法二：引导宝宝以恰当的方式表达自己的情感愿望。当宝宝不高兴的时候给宝宝适当发泄的空间，给宝宝提供解释的机会，不要在宝宝发脾气时直接干预，这样会使宝宝更愤怒。等宝宝情绪稳定了，可以让宝宝说一说自己因为什么不高兴，当宝宝表达不清楚自己的想法或感受时，家长可以通过选择题的方式，帮助宝宝找出自己不高兴的原因，再寻找解决的方法。方法三、培养宝宝有条理地做事情的习惯，让宝宝了解如何解决事情的程序。在做事之前，家长要有前瞻性，对宝宝即将遇到的问题，提前教会他解决问题的方法，当宝宝遇到类似问题时就会有办法去按部就班地解决问题了。

145 怎样面对宝宝"撒野"的时候？

宝宝28个月，当家长不能满足他的不合理要求时，宝宝就会乱发脾气，撒泼打滚，让家长在亲朋好友或他人面前很难堪，不知道应该怎么对待宝宝才好。

宝宝提出的不合理要求可谓是方方面面、内容各异，归结起来分为两种类型，一种是无缘无故发脾气，提出过分的要求，另一种是当家长让宝宝做某些事情时，宝宝提出的条件过多，难以满足时就会发脾气。

家长要分清宝宝提出的不合理要求的原因，选择适当的方法进行教育。如果宝宝提出的不合理要求是错误的，家长就必须坚持原则，决不能让步，让宝宝知道，哭闹也不能达到目的。如果宝宝提出的要求较为合理，可以对宝宝做出适当的让步，满足宝宝的一两个要求。家长可以让宝宝自己选择一两件物品并且让宝宝知道提出要求要适可而止，得到满足要有限度。当宝宝因为不合理要求没有得到满足而哭闹时，家长可以采取转移注意力的方式。为了防止宝宝在一些特定的场合提出不合理要求，家长可以事先和宝宝进行约定。比如在去商场前，先叮嘱宝宝不能随便要求购买玩具或只允许宝宝选择一件物品。与宝宝约定并答应的事情，家长一定要做到，切忌随便允诺宝宝，到时候又不履行承诺。

146 宝宝一不如意就骂人怎么办？

我家宝宝2岁半，男孩，他的要求得不到满足的时候非常急躁，就说大人是坏蛋，怎么都教育不好，该怎么办呢？

3岁前的宝宝主要从自我需要出发，判断一件事情是令人高兴还是令人失望，还不能站在一个比较公正的角度来调节自己的心理平衡，如果家长首先直接跟他摆事实、讲道理，他会觉得大人是在专门跟他对着干。

家长首先应该关怀和接纳孩子目前的情绪，用理解的口吻跟宝宝说："我知道你现在不高兴，因为……对吗？"家长也可以鼓励口语表达能力较好的宝宝自己倾诉，这种交流拉近了家长与宝宝之间的心理距离，为宝宝倾听和接受家长的建议建立了基础。有的宝宝比较急躁，一开始不能做到倾听和倾诉，反而发脾气，家长就把宝宝拉到一边，看着他发脾气，一直等到他能做到倾听和倾诉，这一过程将帮助宝宝学习安定自己的情绪。有时候，宝宝倾听和倾诉之后，就不再坚持自己的要求了，他的兴趣很快转移到其他事情上。有的宝宝还需要接下来再讨论怎样解决遇到的问题，如果宝宝愿意协商，就帮助他寻找一个合理的办法，如果宝宝胡搅蛮缠，就要坚决地拒绝他，否则宝宝以后就更不好教育了。

147 如何培养一个自信宝宝？

宝宝26个月，在家里一刻也安定不下来，不停地上蹿下跳，可走出家门后，宝宝却总躲在大人身后一声不吭。来到亲子班后虽然有大人陪着，但胆小得要命，不敢自我介绍，不敢上前面来。如何培养一个自信宝宝？

这类宝宝有两种可能性，一种是天生适应能力比较弱，一般对新环境感到特别拘谨，更不愿意去与陌生人接触，如果让宝宝勉强去适应，宝宝会更加感到恐惧，反而更加胆小。另外一种是由于独生子女大多数的时间都在家独自玩耍，没有与其他宝宝交往的机会，家长在家总是过多地照顾和迁就，宝宝难以适应新的环境，导致宝宝外出就会退缩的行为。

1.在做力所能及的事情中建立自信。有意识地给宝宝提供一些机会，让宝宝做些力所能及的事情。这样不仅可以让宝宝表现自己的能力，树立宝宝的信心，并且能够使宝宝在学习做事情的过程中变得勇敢。

2.邀请其他宝宝来自己家玩。家是宝宝感觉最安全的地方，是宝宝最放得开的地方，邀请伙伴到自己的家中会让宝宝感到放松。还可以利用宝宝最感兴趣的事情鼓励宝宝参与游戏。比如宝宝喜欢玩车，家长可以邀请其他宝宝一起与自己的宝宝玩车，宝宝就能在这样的小团体里兴致勃勃，而且自如地表现自己，与人交往的愿望就会逐渐加强起来。

3.多为宝宝提供家庭外的交往环境。除了在家里游戏外，多为宝宝提供外面的交往环境。比如：节假日、双休日带宝宝到公园、娱乐场，在这些场合中，家长示范并引导宝宝与别人打招呼，在陪同宝宝一起与同伴玩耍中，让宝宝逐渐消除胆怯。

148 宝宝太喜欢安静怎么办？

我的烦恼

宝宝30个月，从小就喜欢安静的活动，平时是老人和年龄50多岁的姑姑来带，我们工作都很忙，还经常出差，平时没什么时间带他玩，只有在周末挤出时间在小区里玩一玩，最近我们发现他更像女孩子一样的安静，喜欢一个人看书、玩玩具，能玩上很长时间。可是你要带他去户外踢球、跑步，他就不喜欢，他喜欢一个人独自站着，看别人玩。我们有意识地追他跑，让他骑小车在院子里转。在和小朋友玩的过程中，我们观察到他跑、跳的动作不协调。大动作发展得很不好，我们该怎么办，儿子就是不爱动。

为您点拨

幼儿期是身体生长发育的关键时期，3岁左右的宝宝的大肌肉发展较快，身体的动作比以前也协调了。一般都爱跑、跳和踏三轮车。宝宝不爱运动，就喜欢安静的活动与平时是老人教养有关联。

为您支招

平时可以和宝宝玩玩踩影子、鼠跳袋等有趣的游戏，让宝宝对锻炼身体感兴趣，还可以在地上用小棒摆出不同宽窄的图案，带领宝宝进行游戏。用鼓励的语言表扬宝宝，让宝宝感受到自己的进步，从而乐于参加体育锻炼。如看到宝宝跳过一条用木棍摆放的"小河"时，家长表现出高兴的样子并说"你进步真大，都可以跳过去了"，这使宝宝有了克服困难的信心。家长还可以说："宝宝你能行！宝宝试试看、宝宝真棒！"等语言。家长应多为宝宝创造与同龄伙伴交流的机会，不应看管过严。

149 宝宝为什么突然变腼腆了？

我的烦恼

我的孩子快3岁了，一直很开朗，见人就说话。今年过完年，忽然变得腼腆，总躲我后面，不说话。这是因为每个孩子必然经历的成长阶段？还是在家待时间长了，出门少的原因？还是说父母有过强烈的争吵，对他心理有了影响？如果是后者，我该怎么办呢？很担心是后者。

为您点拨

如果宝宝的情绪突然发生变化，最近发生的生活事件通常是直接的诱导因素，父母强烈的争吵会对他产生消极的心理影响。很多情况下，父母争吵并不直接关乎宝宝的事情，但是不和睦的家庭氛围导致宝宝情绪低落，孤独自卑，他以为父母不喜欢自己、不关心自己了，有一种被父母抛弃的感觉，所以他突然变得不自信，做事提不起精神，与人交往变得退缩，成为家庭不和的受损者。

为您支招

3岁正是宝宝自我意识的发展时期，他对自我的认识是积极的还是消极的，与周围环境的状况密切相关，所以家长要为宝宝提供和谐、温情、安全的生活环境，如果在单位遇到不顺心的事情，或者与家长有冲突的时候，不要当着宝宝的面发泄情绪，而是要通过理性地处理问题，为宝宝营造阳光灿烂的家庭生活，这种环境中的宝宝才能形成活泼开朗的性格。

150 怎样道别不让宝宝生气？

我家宝宝特别粘我，我鼓励他，他也能很好和我道别，但往往会先粘一会儿，然后告诉我，他生气了，要我和他讲好多好多，才勉强和我道别。我应该如何引导他呢？

能够主动地表达自己生气了或者很高兴，这是宝宝情感健康发育的表现。情感是行为的驱动器，乐观积极的情感促进行为的产生，消极的情感延缓或者取消行为的产生。通常情况下，人的情绪并不处在积极或者消极两个极端，而是处于中间阶段，遇到具体问题的时候，则在两个方向之间摇摆，尤其是情感正在发育过程中的宝宝，他的情绪情感经常犹豫不定，所以家长要给宝宝一定的时间，让他练习选择和调整。

宝宝跟家长道别的时候，他会产生分离焦虑情绪，自己不愿意离开家长，家长又不得不走，怎么办？宝宝在犹豫和调整之中，所以他不能果断地、痛快地跟家长说再见，最后勉强做出选择，对他来说已经是很大的考验和进步。所以家长道别的态度要坚定，但又要耐心地给宝宝讲道理，同时要限定时间，例如3分钟或者5分钟之后，爸爸妈妈必须要走了，这对宝宝的心理健康发育是有益处的。

151 宝宝爱唱反调怎么办?

女儿2岁8个月,反抗心理很强,什么事情都不听劝告,爱唱反调,有时候跟她说或教她时,她一点回应都没有,就像没听到,我想和她认真地沟通,她好像故意跟我逗着玩。这种情况,能有什么办法应对呢?

你的女儿开始进入人生的第一次心理反抗期,第二次心理反抗期将在孩子的青春期出现。现在你的女儿正是发展自我意识的时期,她喜欢与大人唱反调,表示自己与别人的不同,以确立自我意识。

如果她不愿意听从大人的意见,在保证孩子安全和健康的前提下,家长应该支持她尝试自己的做法,出了错也没有关系,孩子会从中得到成长与锻炼。如果女儿故意不听话,家长不要生气,不要理会,否则,正好中了孩子的"心理圈套",把家长打败使她很有成就感。如果宝宝的行为违反了应该遵守的规则,家长要坚持正确的原则不放松,任凭宝宝哭闹也不妥协,宝宝就明白家长是认真的,不是在做游戏,她就不会再三挑战家长的心理底线了。可见,在日常生活中,宝宝通过家长的态度学习区分和明白什么是认真态度、什么是游戏态度,是第一心理反抗期进行心理教育的关键问题。

152 宝宝争强好胜怎么办？

我儿子现在3岁，性格特别要强，无论什么事情做不好，争不到第一就着急，又哭又闹，钢琴弹不好着急，折纸没折好着急，穿衣服没穿好也着急，甚至说要把衣服剪了、扔了，我该怎么办，这样的孩子是不是有心理问题？

性格特别要强的宝宝喜欢竞争，但是竞争的心理素质还有待培养。竞争本身是个中性词，对人具有健康、向上、文明的积极促进作用就是良性竞争，使人变得自私、狭隘、妒忌、规避、退缩等消极现象就是恶性竞争。竞争的结果必然有赢有输，只能赢不能输的宝宝心理承受能力比较弱，争不到第一就着急，又哭又闹，折腾得自己沮丧，大人也难过，进而陷入恶性竞争，所以家长要教育宝宝竞争中"输得起"的品质，它意味着认输而不服输，并力争东山再起的良性竞争状态。

从小培养良好的竞争素养是他们应对未来成人社会竞争生活的基础。这要求做亲子游戏时家长别总是让着宝宝，别给孩子总是造成他胜利的假象，因为幼儿与成人的思维方式不一样，大人觉得让宝宝只是玩玩而已，他却把游戏当成"工作"一样对待，要在游戏中让宝宝知道有输有赢，并锻炼他承受输局的心理压力。同时还要向宝宝传授掌握基本的知识和技能，因为竞争主要是依赖自身的潜能和优势，知识和技能上的匮乏常常是宝宝产生挫败感的直接因素，如果宝宝是这种情况，就手把手地教他知识和技能，让他产生成就感，建立自信心。

153 宝宝自尊心太强怎么办?

宝宝21个月,是个自尊心特别强的孩子,在亲子班进行比赛,落后了就会沮丧地大哭起来,亲子老师很机警,经常提供和天天重新进行比赛的机会,当然老师的故意放水,让天天得到胜利,就这样天天会感到很高兴。我想让孩子适当地接受一些"挫折教育"是不是会更利于孩子的成长呢?

宝宝自出生以来身边围绕的都是疼爱他的成人。成人与宝宝的接触都是千依百顺,百般迁就,经常会自己假装失败,让宝宝感到高兴。随着自我意识的产生,宝宝开始在意别人对自己的看法,渴望他人对自己的认可,当受到表扬时会产生愉悦的情感体验。由于宝宝长期在成人的迁就下成长,没有受到半点委屈,自然不知道外面的世界很大,遇到的人和事情会很多。当宝宝加入集体活动的时候,与之同龄的宝宝自然不会像家里成人那样迁就。因此当宝宝总是在同伴前体验不到成功的时候,愿望得不到满足的时候,就会产生无法接受失败事实的情绪。

宝宝不应该是温室里的花朵,家长要把他放到阳光和风雨中历练,宝宝才能勇敢地面对,茁壮成长。

1. 在日常生活中,家里的成人不要刻意地迁就宝宝,让宝宝一味体验成功。要有意地让宝宝体验失落,让宝宝感受自己也有无法达到、无法满足的事情。比如:在小小的比赛中,家长赢多几次。并告诉宝宝没关系,慢慢长大熟练就会越来越棒;宝宝要买的东西,根据需要,不要全部满足。让宝宝感受生活中失落是一件很正常的事情。

2. 当宝宝面对挫折的时候,只要是宝宝能够自己解决的事情,家长一定鼓励宝宝自己独立解决。比如:摔了一跤,夸奖宝宝勇敢,能够自己站起来；自己搭建的积木倒了，鼓励宝宝不着急，一定能重新搭好。宝宝在生活中累积了失败的经验，才能了解自己有能力去面对，从而增加自信心，激发从挫折中走出来的勇气。

3. 引导宝宝对待挫折要平和。当宝宝面对挫折沮丧的时候，父母一定更要注意自己的外显态度，比如表情、语气要平和，不要过激，大惊小怪，而是要微笑的同宝宝一起面对，告诉宝宝没有关系，我们再来一次；或者我们加油，练练就会很棒的。把宝宝带入到一个轻松的氛围，逐渐宝宝就会平和地面对挫折。

154 宝宝在家霸道在外蔫怎么办？

宝宝在家里很霸道，但是在外面很蔫，别的小朋友打他不会还手，也不知道告状，宝宝总是吃亏会不会影响他的心理发展？我能不能教他还手？

这个宝宝与有的宝宝在家老实、在外打人的情况似乎正好相反，实际上原因是一样的，都是因为家人总是让着宝宝，结果宝宝没有学会与人平等相处。只不过宝宝的个性倾向不同，所以面对同一现象，解决问题的方式差别很大，有的宝宝比较外向和暴力，有的宝宝比较内向和退缩，他们同样需要加强指导。

教宝宝还手，可能消解家长一时之气愤，但对宝宝是一个误导，因为宝宝仍然没有学会正面解决问题的方法，可能还会使矛盾升级。可以教宝宝首先学会大喊一声"老师！""家长！""住手！"之类的简短语言，用语言制止对方。接着让宝宝放松心情，慢慢讲清事情的经过，分析宝宝在哪个环节可以有较好的办法解决问题，并演示给宝宝，让宝宝重复做一遍，逐渐培养宝宝不断提高解决问题和人际交往的能力。

155　宝宝爱管闲事怎么办？

儿子2岁1个月了，这段时间总喜欢管别人的闲事，不论是大人还是小朋友，他都会要求对方按照他说的去做，有时候会让家长感觉尴尬，我不知道是该放任他这样"热心"呢，还是应该纠正他的做法？

宝宝爱管闲事说明他与人交往的主动性比较强，这是两岁宝宝在人际交往智能发展上比较可喜的一面，当然任何事物和现象都具有两面性，家长所担心的是主动性太强的宝宝容易以自我为中心，喜欢控制和要求别人，强迫别人听自己的意见，不会尊重他人。家长自觉意识到宝宝在发展中遇到的这个问题，是很可贵的，这一现象除了与宝宝的天性有关外，还与家庭环境密切相关。如果宝宝在家里都是大人听他的，他说了算，他在外面与人交往的时候也常常控制欲望比较强。因此，在独生子女家庭，家长要注意培养孩子民主平等的意识，学会尊重他人。

孩子在家里常常是有求必应，孩子从中学习的是不对等的交往习惯，而小朋友之间是平等的同龄人，很有事情需要相互协商才能玩到一起，才能交上朋友，所以平时家长做决定的时候要多与孩子商量，孩子有什么要求，家长要表达出哪些要求是合理的，应该满足，哪些要求是不合理的，应该拒绝，让孩子从中学会理解和尊重别人，这样，孩子过于热心强迫别人意愿的状况将会得到改善。

156 宝宝特别小气怎么办？

我的烦恼

宝宝2岁3个月，有一个小毛病就是吝啬，别的小朋友到家里来玩的时候，不让别人玩她的玩具，连摸都不让摸，说她也不听，弄得我很尴尬，怎样教育宝宝对别人大方一点？

为您点拨

宝宝不让别人玩她的玩具，说明她对物的所有权概念有了初步认识，这是她智商发展的一个表现，接着就该培养她学会分享这一情商了，但这需要一个过程。首先，家长不要着急地从她手中夺走玩具送给别的小朋友，这会破坏她刚刚建立起来的所有权概念，而所有权会给她带来安全感和放松感，失去它会让她变得伤心难过。其次，宝宝的所有权概念比较刻板，尤其对陌生人比较防备，担心别人玩她的玩具后玩具就不属于她了，宝宝一般对家长、阿姨等比较熟悉的人比较信任。

为您支招

妈妈可以渐渐地引导教育宝宝："这个小熊是宝宝的还是妈妈的？""宝宝的。""那妈妈可以玩玩吗？""可以。""妈妈玩了以后，小熊是你的还是妈妈的？""宝宝的。""昨天丽丽玩你的玩具，你怎么不让呢？丽丽玩了以后，玩具也还是你的呀。以后你的玩具也让别的小朋友玩一玩，好吗？"然后经常跟宝宝讨论她的玩具可以让谁玩，渐渐地培养她的分享意识。

157 怎样培养宝宝友好相处的能力？

宝宝32个月，是个可爱、偏一点内向又不失活泼的孩子。从来不"攻击"别的孩子。两岁半以后发现他多少有了一点"暴力"倾向。比如：带他去院子里看流浪的小猫，他原来就站着看，还会说："猫猫多乖呀！"……可现在他偶尔会拾起一根木棍狠狠地打小猫。还将与他同上亲子班的小朋友打哭了。虽然我知道他的这些行为可能和其语言发展有限、不知道怎么用语言更清楚地表达、还没有良好的沟通能力以及他这个年龄阶段的一些生理、心理特征有关，但总还是不愿意看到"打人"这个行为在他身上反复出现。我也和他交流过几次，但作用不大。我想知道有没有比较有效的方法可以帮助他渡过这一"暴力"期，还是等他过了这一阶段自然就好了呢？

早期社会交往是指1—3岁婴幼儿在成人的陪伴下与其他成年人及同伴之间运用非语言符号和语言符号相互进行信息交流、情感沟通的过程。由于宝宝年龄处于这个阶段，受年龄、动作发展、语言表达、活动范围的等因素的影响，宝宝的早期交往有其特有的特点。

第一是模仿父母交往；第二借助动作交往；第三易受成人影响；第四自我中心化；第五易被玩具吸引。针对宝宝的交往特点分析上述情节中宝宝拿小棍打小猫以及打小朋友的表现，其实是宝宝不会与小动物、小朋友交往的一种行为表现。作为家长要初步教会宝宝交往。如：教宝宝用语言表达自己的愿望，大声说出"我想和你玩好吗？"或者"我们一起玩吧！"等等。再有，父母在交往的过程中起到模范示范作用。开始宝宝可能处于模仿期，在多次模仿后宝宝就可以初步学会如何与人交往。有句话说："不打不相识。"人和人之间交往需要言语的沟通，对于刚刚步入社会的宝宝们，他们需要家长的引领，需要看护者的帮助，需要了解其他人喜欢什么样的交往方式。所以，家长们要记住：言传重于身教。

158 宝宝爱打人怎么办？

宝宝32个月，不会与小朋友友好相处，经常爱动手推人，会抬脚踢人，有时见到小女孩，会用手抓住不放，小女孩越是大叫，他会越发高兴。弄得人家小女孩见到他就跑，他还会在后面追着不放。我该怎么教育他呢？

2—3岁的宝宝的年龄特点决定了他以做我为中心的特点，还不能关注到自己以外的其他人的感受，这一时期的宝宝对别人的反应有一半游戏行为在里面。攻击性行为的出现，没有被及时制止和纠正，反复出现就会形成一种习惯。谁都不愿意让自己家的宝宝受欺负，保护好自己家宝宝的方法就是躲避。这个案例中的宝宝其实特别想与同伴一起游戏，但是他不知道怎样做才是与同伴友好游戏。如何帮助这样的宝宝学会与同伴交往，保护好同伴的安全是解决问题的关键。

首先，了解宝宝对交往的需要。询问宝宝是否想跟同龄的宝宝游戏？自己喜欢怎样的交往对象。其次，提供学习榜样，为宝宝树立交往意识。对于低龄的宝宝可以通过故事的形式选择小动物来为宝宝树立模仿的对象，如：大灰狼爱打人、爱抓人，大家都不喜欢。小猫轻声说话，不推人，大家都喜欢。再次，体会分享的快乐。让宝宝尝试跟大家一起分享自己的玩具，教同伴玩具怎么玩，为宝宝提供结交新朋友的机会，减少无事可做时推人、打人的机会。如发现宝宝有攻击性行为的迹象时，家长一定要消除在萌芽状态，帮助宝宝分析原因，找出解决问题的方法。在家里可以提前做功课，提供特定的场所及扮演小朋友与宝宝友好交往，一同游戏，慢慢会让宝宝学会正确的表达方式，避免攻击性行为的发生。

159 宝宝总是欺负人怎么办？

宝宝在家里挺好的，可是一到外面就有暴力倾向，老师也反映宝宝在幼儿园有欺负人的现象，这是怎么回事？"以其人之道还治其人之身"的方法教育宝宝行不行？

宝宝在家里挺好的，是因为大人们都让着宝宝，宝宝生活在不平等、没有冲突的环境中，自然也没有锻炼出解决冲突的能力。可是一到外面，小朋友之间的游戏规则是平等的，宝宝会觉得很不适，为了获得自己的"特权"，他就可能采取暴力行为应对伙伴之间的冲突。因此，宝宝要成长为一个适应社会规则的人，就一定要走出家庭，进入同伴集体，学习解决冲突的正确方法。

家长所说的"以其人之道还治其人之身"，大概是指宝宝打了别人，家长也让他尝尝被打的滋味。这种方法一时也会奏效，但是从长远影响来说，不是个好办法。因为"以暴制暴"会加重宝宝的暴力倾向，更加依赖暴力解决办法。家长还是应该教给宝宝直接解决问题的办法，例如用语言表达自己的需求，等待别人的回应，学会诚恳地道歉，尝试合作与分享技巧等。有时使用自然后果法还是可以的，例如打人失去了朋友，受到老师的批评，宝宝会难过，有这种消极体验之后，家长耐心地讲道理，对宝宝会有"亡羊补牢"的教育效果。

160 宝宝玩的时候不理人怎么办？

宝宝30个月，常出现在宝宝玩玩具的时候，大人叫他多少遍，他不理不睬，就像没听见一样，不知道该如何对待。

2—3岁的宝宝正处于好奇心的萌芽阶段，对新奇的事物特别感兴趣。这个阶段的宝宝还处于直觉行动思维，他们的思维存在于动作之中，更满足于动的过程。由于宝宝的注意力集中在玩具及玩的过程上，随意在宝宝没有玩得尽兴的前提下请宝宝说话，显然违背了宝宝自己的游戏规则。有的宝宝做事不能一心二用，回答问题后会影响自己做事的情况，所以对家长的话宝宝不予理睬。家长应满足宝宝的需要，让宝宝充分地玩了以后，看看现在跟宝宝说话是否合适，然后再提示宝宝回答。

对于听不到家人说话的宝宝，要找适合的机会与宝宝进行交流，宝宝可以听懂成人讲的道理。然后用游戏的方式，让宝宝学会听到自己的名字就会直接应答的程度。家长可以尝试问答式游戏，引导宝宝与自己一问一答，家长叫宝宝的名字，引导宝宝回答"唉"或"是"，告诉宝宝一定要出声音回答。逐渐使宝宝对叫自己的名字产生应答式条件反射，当宝宝遇到有人叫自己名字时，可以直接回答。家长还可以在宝宝活动前，告诉宝宝家人叫宝宝的用意，判断宝宝的位置，或是该吃饭、喝水或是如厕等。同时，家长还要帮助宝宝设立游戏的时间概念，利用定时器帮助宝宝建立时间概念。

161 宝宝不喜欢和别人玩怎么办？

宝宝27个月，像个"独行侠"，带她到外面玩，遇到认识的小朋友，顶多打个招呼，然后就不搭理别人了，不与人一起玩，只是自己玩。要是有小朋友动了她的东西，她就会打人家。

宝宝是否愿意与人交往，直接受家庭环境和家庭教养方式的影响。宝宝天生喜欢模仿。家长在生活中开朗、热情善交往，那么宝宝就喜欢交往；如果家长平日比较内向或对人冷淡，不乐于与人交往，宝宝受其影响也会如此。有些家庭以宝宝为中心，对宝宝的各种需要几乎是无条件地满足，宝宝身边总有家人陪伴，宝宝难以产生和其他宝宝一起游戏的欲望。

发现宝宝有这种现象时，家长要以身作则，树立好榜样。家庭不要以宝宝为中心，而应人人平等。对于宝宝不愿与人交往，家长可以这样做：家长创设环境，多鼓励宝宝展示自己，并当众给予及时的表扬和赞赏，帮助宝宝建立足够的自信心，体验和感受大家一起玩的快乐。家长可以和宝宝一起玩，使宝宝在玩耍中学会与人交往，在交往中享受快乐。家长要对宝宝进行鼓励而不是强迫宝宝去做，要引起宝宝的兴趣而愿意与人接触。比如在户外看见小朋友玩，家长要提示宝宝打招呼，如果宝宝有兴趣就鼓励宝宝参与活动，如果宝宝与同伴一起玩耍，家长要及时同意并对宝宝进行表扬，培养宝宝的自信心。

162 怎样让宝宝参与集体活动？

宝宝34个月，不愿意与其他小朋友沟通，参加集体活动时，不按老师的指令去做，就站在旁边观望，参加了几期亲子班后，在课堂上表现进步很大，但是在其他场合还是不愿意参加集体活动。

宝宝在新环境中不愿意参加活动一般都是出于两种原因。原因一：对新环境的陌生感。认生是宝宝接触外界事物时出于自我保护的一种条件反应，在宝宝适应了周围环境以后，这种现象能够得到缓解。原因二：学习习惯不同。宝宝的学习特点因人而异，有的宝宝喜欢一边动手一边学习，有的宝宝是看会了以后觉得自己有把握了才会尝试着去做，宝宝没有立刻参与到活动中，可能和宝宝的学习习惯有关系。出于这两种原因，宝宝在不同场合参加活动表现得不一样，熟悉环境后就会愿意参加活动。

首先，可以在家里创设交流场景，正面引导宝宝学习与他人交流的方法。这是让宝宝学会与同伴交流的工具，让宝宝知道遇到类似的事情可以怎样做。其次，为宝宝创造更多与同伴交流的机会，让宝宝有练习的机会。可以为宝宝带一些玩具或零食类的东西，引导宝宝与同伴分享，体会交换的快乐。再次，对于新环境，要给宝宝多一些时间，不要让宝宝觉得有"聚光灯效应"，帮助宝宝循序渐进地融入新的游戏中。家长的示范作用也会对宝宝产生影响，宝宝的家人在不同场合的大胆积极的表现，可以潜移默化地影响宝宝的行为习惯。家长们避免到了新的环境中把宝宝往前推，让宝宝做表演而自己做观众的方法。

163 怎样让宝宝在公共场所活泼大方？

宝宝34个月，在家里活泼大方爱说话，爱跑跳，到了公共场所就很拘谨，不爱说话；如果是外面的客人来到家里，虽然宝宝表现也很大方，但是如果离开家到陌生环境就会很内向，紧张。

新的环境对于年龄小的宝宝来说，有一种陌生感，有的宝宝出于自我保护心理，对于比较陌生的环境或是陌生的人来到自己身边会表现得比较紧张，内心会产生一种畏惧感。尤其是在新的环境中遇到陌生人，这样的情况下，会使宝宝更加紧张。究其原因是宝宝接触外面的事物少，与家人以外的人接触少，让宝宝在新的环境或陌生的人面前，不知道该如何去做，产生了不适应感。

遇到这种情况，我们可以用游戏的方式，请大家品尝宝宝最爱吃的东西，或欣赏宝宝最喜欢的玩具，让宝宝感受到大家与自己有相同或相近的爱好，这样可以逐渐削弱宝宝对新环境的陌生感，在游戏的气氛中缩短宝宝与客人的距离。爸爸、妈妈为宝宝创造更多的接触新环境与陌生人的机会，可以在亲戚朋友间进行"请进来，走出去"的生活方式，教会宝宝在陌生的环境中能做什么，怎样与他人交流。例如："朋友聚餐"、"家庭聚会"、"春游"、"游乐场一日游"等交流活动中，把父母的朋友、亲戚、邻居的宝宝等请到家里，不断丰富宝宝在家的生活内容，带着宝宝去朋友家做客，学习在不同环境中与不同的对象交流，提高交往技能。

164 宝宝出门总是让大人抱怎么办？

我的烦恼

宝宝27个月，是男孩。上下楼时，宝宝总是喊着要大人"抱抱"；走在街上时，宝宝还是喊着要大人"抱抱"；走进商店了宝宝还是喊"要抱抱……"。宝宝为什么出门总让抱？有没有什么好办法？

走路对于宝宝来说意义非常重大，它是一种全身的运动，能够发展宝宝的平衡、统合、协调等各种身体功能。让您的宝宝爱上走路，需要家长耐心细致地培养。

宝宝总让抱抱有多方面的原因，家长可以根据情况具体分析：上下楼梯要抱，有可能是有点累也有些害怕。如果是这样，家长可以鼓励宝宝勇敢，告诉他家长拉着他帮助、保护他一起走。走在街上让抱，有可能是外面太乱，宝宝缺乏安全感，需要家长的肌肤之亲进行安抚。如果是这样，家长可以和宝宝进行游戏，比如：确定一个目标，两个人比赛走到那里，再抱起来。再商量抱着走到哪里一定要下来，再进行新的走、跑、跳等游戏比赛，增加宝宝的兴趣。在商店里要抱，有可能是宝宝看不到他想看的东西，家长可以试一试，在宝宝要抱的时候，蹲下和宝宝视线平行看一看周围的环境，亲身感受一下宝宝视线范围的景物。在宝宝被抱起来看到了想要看的东西后再把宝宝放下来，告诉他等再有好看的景物，还把他抱起来。这样宝宝的心理需求和体能需求就能都得到满足。

165 宝宝喜欢把别人的东西带回家怎么办？

宝宝3岁，在外面时老是拿回家一些别人的东西，她把这些都放在一个鞋盒里，藏在她的床底下，真是哭笑不得。我不赞同她拿别人的东西回家，但又不知道该怎样干涉她，想听听专家的意见？

年幼的宝宝活动范围只限于家庭中，从记事起他就发现，爸爸妈妈可以随便拿他的东西，孩子也可以拿大人们的东西，根本没有什么所有权的概念。随着年龄的增长和接触面的扩大，宝宝开始与家庭以外的人和事接触，这时孩子形成了"这是我的"概念，却还未形成"什么是别人"的概念，这一阶段最易拿别人的东西。因为该年龄段幼儿具有以自我为中心的年龄特点，她们不会认为拿走了别人的东西是不对的。当家长想要矫正孩子喜欢拿别人东西的行为时，要注意运用适于宝宝心理发展水平的方法，切不可采用简单、粗暴的办法处理，这往往会使宝宝产生抵触和逆反心理，表现出消极的态度，甚至产生心理障碍，这对宝宝的发展是极为不利的。您可以尝试使用以下策略。

1. 引导宝宝明白喜欢和拥有是两个完全不同的概念。比如：在商场里，宝宝会看到很多喜欢的东西，但是不能够全部拥有，只能有选择地拥有一些喜欢的东西。

2. 培养宝宝"物权观念"。家长要从小培养宝宝对物品的"所有权"意识，明白不是所有东西都是自己的"私有财产"，逐渐改掉宝宝以自我为中心的习惯。有针对性地引导宝宝知道哪些东西是自己的，哪些东西是别人的，并引导宝宝明白不属于自己的东西，不经过别人同意，不能随便拿；即使得到别人同意后，也要用完之后还给别人。

3. 学习表达和商量。宝宝年龄还小，不了解为什么看到喜欢的东西不能拿走，家长要鼓励宝宝大胆表达"我喜欢"或者"我想要"，并征求大人的建议。家长适时让宝宝了解拥有的方式，购买变成自己的、经过同意借用需要归还、公共分享的物品需要分享不能据为己有。

4. 适时的赞美、表扬。经过一段时间的引导，宝宝逐渐养成好习惯，要给宝宝鼓励。让宝宝明白，自己这样做是对的，会得到表扬，自然会慢慢固化良好的行为。

166 宝宝"人来疯"怎么办?

宝宝2岁10个月,平时挺听话,规规矩矩。可是家里一有客人来,孩子就一反常态,表现得特别淘气,有时把玩具丢得满屋子都是,或者在客人面前跑来跑去,显得很"野",弄得我们很尴尬。我们应该怎么办呢?

通常,客人来到家中,给孩子带来的是一种新鲜刺激。当家中有客人时,孩子特别容易兴奋。加之在这一年龄段的孩子神经系统的抑制功能尚不完善,他们极力地想在客人面前表现自己。有些孩子,似乎"鬼心眼"很多,似乎知道在这个时候不管怎么闹,家长也不会过分严厉地管教自己,因此乘机尽情地"发泄"一番。

客人和家长的放纵、宽容也是造成孩子行为"出格"的一个客观因素。客人乍到,总喜欢以孩子为话题谈论几句,夸赞几句也是免不了的。但这就像是点燃了一根导火线,引出了孩子一系列兴奋的表现,当大人们的话题转向另一"幕"时,原先的"主角"——孩子却依然不肯"谢幕",退入后台,还要继续在"前台"表演。这时孩子会加大嗓门,或做出各种惹人注意的举动,要求别人再次注意自己,宽容的客人往往很自然地满足孩子的要求,甚至还会继续表扬几句,又一次强化了孩子的行为。孩子会闹得更凶,难免会使父母陷入尴尬的境地。

怎样克服孩子的"人来疯"举动,因为这不是一朝一夕形成的,所以要防止和消除之,必须在平时的家教上下工夫,采取宽严适度的教育方式。

1. 平时对孩子的行为,特别是一些不良的行为,不能过分娇宠、放纵,需要教育、管制的言行就要及时教育制止,不可助长孩子"以我为中心"、"我说了算"的心理,久而久之,孩子的自制力就会增强。

2. 要注意孩子良好行为规范的训练，光告诉不该做什么还不行，还要告诉孩子应该做什么。在客人到来之前，告诉孩子应有的礼貌举止，每次客人走后，对孩子的表现要给予反馈，孩子表现好，要及时地肯定和鼓励；孩子表现不好，则给予批评，并再次强调正确的行为方式。

3. 尊重孩子的心理需要，在客人面前让孩子有适当的表现机会。如让孩子表演儿歌、背诵一首诗等。当话题转移时，预先给孩子以明确的说明，如可以对孩子说："现在爸爸(妈妈)要和叔叔(阿姨)讲大人的事情了，你自己到旁边好好玩。"这样既可以让兴奋起来的孩子受一定的制约，又可以让孩子有适当的思想准备，退出大人们交谈注意的中心。客人走时带孩子一起送走客人，并让孩子与客人道别。

167 宝宝认生怎么办？

宝宝月龄26个月，喜欢和邻居同龄的小朋友一起玩儿。当遇到陌生人时表现得比较胆小，不敢接近。带宝宝在公园里游玩的时候，宝宝不敢自己走路，需要拉着大人的手才行。

这个年龄段的宝宝对人和人之间的交往会产生浓厚的兴趣，而且有了很强烈的交往欲望。他们已经不满足于在家里自己玩，迫切盼望和小朋友们一起玩。但是，陌生的环境和人会让宝宝缺乏安全感，产生害羞和胆怯的情绪。有的宝宝畏惧面对新状况，不喜欢和生人说话，这是由怕生和宝宝自我保护本能引起的。实现愿望是要有一个过程的，而过程的长短因人而异。家长创设安全、宽松、和谐的环境和引导方法起着很重要的作用。

对待这种情形的最好方法是给宝宝创造更多的交往机会。对于遇到陌生人就表现得胆小的宝宝，可以这样做：来客时，家长可以鼓励宝宝开门，迎接客人；鼓励宝宝给客人分送水果或糖果，并在客人面前及时对宝宝进行具体指向性的表扬。还可以带宝宝多参加一些聚会，让宝宝感受到和大家在一起的快乐。也可以请同伴到家中来玩，在熟悉的环境中宝宝敢于交往。家长不要随便给宝宝下诸如害羞、胆小的定义，那样只会让宝宝更加自卑胆小。家长要有意安排宝宝去一些他很可能遇到困难的场合，不要批评他，也不要强迫他做出改变，而是鼓励并帮助他去适应。宝宝会渐渐地不再哭闹害怕，愿意和别人交往。

168 让不让宝宝跟习惯不好的孩子一起玩？

3岁的儿子一直比较喜欢和大些的孩子一起玩，这两天儿子又认识了一个新的小朋友，总是跟他一起玩。可是我很快就发现这个小朋友有许多不好的习惯，比如在我家里乱翻柜子抽屉，见到食物拿起来就吃，不懂得礼让等。我不希望儿子学到他的这些坏毛病，所以不再允许儿子跟他玩，但是儿子哭着闹着就是要跟他玩。我应该怎么办呢？

跟行为习惯不好的孩子在一起，宝宝有可能模仿他，但是宝宝还有一个特点就是喜欢监督和评价别人，家长可以抓住机会提高宝宝的辨别能力，那么他不但不模仿其他孩子，还可能像小老师一样"批评"和"教育"其他孩子，同时也实现了自我教育。例如，有两个小女孩儿在一起，其中一个孩子爱大声说话和叫喊，另一个女孩子就没有模仿她，而是把食指竖起来放在嘴边"嘘——"，并悄悄地提醒她："老师说好孩子说话不喊。"果然小朋友安静下来了。

儿子结交的新朋友有一些不好的行为方式，家长可以问宝宝这样做对不对，应该怎样做才对，这样还可以提高宝宝的口头表达能力，指导他怎样劝说别人。当然，有的孩子实在很调皮固执，您可以想办法避开宝贝与他在一起玩耍的机会，但是不宜直接告诉孩子不要跟他玩，这对宝宝交往能力的发展有不良影响，处理不好还会影响两家家长之间的关系。

169 怎样教育调皮的宝宝？

儿子3岁了，非常调皮，最近养成一个拿石子扔人家汽车的坏习惯，听到石子砸在汽车上的声音，他开心得哈哈大笑，好像觉得这是一件十分有趣的事情。我已经多次教育他，但他还是顽皮地继续他的这种游戏。到底我该如何让他明白这种错误并且改正错误呢？

看得出这位家长是一个教育孩子很有用心的妈妈，能正确对待孩子的好奇心，把它与行为习惯、品德教育结合在一起。家长已经多次教育过宝宝，聪明的他一定已经明白家长讲的道理，但是因为他比较调皮，是一个光点头同意而不照章办事的小家伙，家长还得尝试一些有针对性的策略帮助孩子行动到位。

给他一些不愉快的体验才能制止他的行为。给他一次最后通牒："如果再砸人家的汽车，就没收你一个最喜欢的玩具。"如果他仍然把家长的话当耳旁风，那家长就严格执行规定。发现家长动真格的了，他可能会用哭闹威胁家长，家长不要动摇和妥协，并且承诺："如果最近两天不再砸人家的汽车，就把玩具还给你。"之所以先限定两天，是因为3岁孩子的长时记忆还不发达，两天过后再次提醒他，就这样两天两天地提醒和监督他，渐渐的，他的不良行为就收敛了。另外，家长也可以用适当的方式满足他在认知上的好奇心，跟他讲讲为什么汽车会发出声响，同时告诉他扔石子给汽车带来的伤害，让他正反两方面的道理都能明白，这样好奇心驱动他干坏事的动力就小多了。

170 宝宝故意打岔怎么办？

我的烦恼

宝宝27个月。每每看见别人家的宝宝会背古诗，会讲简单的故事，我就犯愁。我们也很早就给他买小故事书，讲睡前的小故事，但是每次他都是会打岔，比如说乌鸦喝水的故事，每次我说乌鸦喝不到水，他就会自己指着书上的乌鸦，说这是乌鸦的翅膀，这是乌鸦的嘴，反正就是阻止你往下说，接着自己翻着小书，不一会就从头翻到尾，接着就说"妈妈看完了，我们……"。总是借机就不听故事了，不背古诗了。

为您点拨

许多家长认为宝贝识字越早越聪明，把宝贝的学习看得过重。小小年纪就背负了父母过多的期望，很容易造成子女学习压力过重，严重的就会出现心理行为问题，如睡眠障碍、饮食障碍、情绪障碍（如恐惧、焦急、易怒等）、遗尿、多动和抽动（如挤眼等）。其实并非小孩子会背古诗、会讲故事就是什么值得羡慕的事情。作为家长要发现自己宝宝的长处，孩子喜欢什么擅长什么，从孩子的优点出发，积极鼓励，利用孩子自身的优势来弥补发展较慢的弱势项，做到均衡发展。

为您支招

上述案例中家长给宝宝讲故事时，发现宝宝并没有对故事情节感兴趣，而是喜欢观察图书上乌鸦的外形、羽毛、嘴等，家长应该顺从宝宝的发展，与他共同观察乌鸦的外形、结构，或者到大自然中去寻找，找一找什么样子的鸟是乌鸦，启发孩子爱观察、爱寻找的良好品质。鼓励宝宝说出乌鸦的外部形态，从而为认识鸟类打下基础。当宝宝能够主动翻书时，家长也要巩固宝宝爱看书、喜欢看书的良好习惯。可以和宝宝一起玩游戏，找到这本书中，什么地方藏着乌鸦，什么地方没有乌鸦。教给孩子一些简单的方法。例如：一页一页地翻书，一页一页地找。找到了家长要拍手鼓励。强化孩子正确的看书、翻书动作。其实宝宝并不是没有耐心，也不是注意力不集中，而是孩子年龄小，易受外界环境影响干扰，只要家长对孩子稍加观察，从孩子的角度看问题，理解宝宝的喜好，不与其他宝宝比较，只与宝宝本身的进步比较，家长会欣慰很多的。

171 两岁多的宝宝应该玩什么玩具？

宝宝28个月，玩玩具的时候，有时不好好玩，边玩边摔，不爱惜玩具；有时看书，看烦了就开始撕书，说教也无济于事。对玩具的喜爱时间不长，一会儿玩这个，一会儿玩那个。如何为宝宝选择适宜的玩具呢？

首先，安全是选择玩具的首要考虑因素。选择玩具时要考虑宝宝的年龄特点，宝宝个体发展水平、动手能力和对玩具功能的兴趣喜好度等。如果玩具难易度大于宝宝的年龄，会造成宝宝不爱玩的现象，甚至会产生挫败感。如果玩具难易度低于宝宝的年龄和发展水平，宝宝就会没有兴趣，玩具也就失去了其教育功能。

首先，家长选择玩具时一定要考虑宝宝的兴趣和玩具的功能。2—3岁的宝宝开始对周围的事物产生兴趣，此时应该选择一些能够激发宝宝创意、模仿能力、想象力的玩具。从3岁开始，要提供一些供宝宝学习社交技巧、锻炼手眼协调性的玩具。如娃娃装扮、三轮车、比较大的积木等。其次，选择玩具要因人而异。宝宝比较好动，可以选择一些智力玩具，像积木、层层叠、布书等，让宝宝能较长时间地集中注意力，改善好动的个性。宝宝比较孤僻，家长最好选动态玩具，如球类玩具、发音玩具等，让宝宝逐步形成开朗的性格。如果宝宝粗心大意，缺乏耐心，家长可以选择些入手性玩具，如穿衣玩具，让宝宝熟悉事物之间的关系。如果宝宝不合群，不肯和他人交往，家长可以选择介入性亲子玩具，如手偶、保龄球等，或让宝宝参与集体游戏，使宝宝逐步理解自己和他人之间的关系。

172 宝宝不会收玩具怎么办？

宝宝31个月，有点不大会收拾玩具，经常玩了一个玩具随手丢得满地都是，然后又去玩别的玩具了。虽然提醒后有时会收好，但很多时候不愿意收拾，好像喜欢满地都是玩具的样子，然后自己也在地上打滚，超享受的样子。从她小时候开始，一玩玩具我们都会引导她玩好后要收拾好，可是似乎总不能养成一个很好的习惯。

　　2岁左右的宝宝已经可以做简单的整理动作，分类的观念还不是很好，通常也不会主动收玩具。3岁的宝宝已经有简单分类的概念，因此，玩具可以分类收纳，但是多数宝宝基本上是在成人的提醒下才会去收拾玩具。所以，妈妈应该多提醒宝宝，并教宝宝收拾东西的简单方法。成人不要对宝宝收拾玩具有过高的期望，宝宝学习收拾整理玩具或者玩具柜需要一个过程。这个过程需要一段时期，也许会更长的时间。作为成人不要期望宝宝能够像成人一样有条不紊地收拾整理玩具。下面向您介绍一些简单的方法。

　　可用整理箱或者准备一个宝宝专用的玩具柜，在宝宝游戏后，要求他收起玩具。帮玩具回家，找到玩具的小伙伴。当宝宝不愿意收拾玩具的时候也不必勉强，让宝宝当观众看妈妈是如何收拾整理玩具的。再如：当宝宝接近36个月的时候，可以准备3个小箱，并在箱子外面贴上玩具的照片如车、积木、娃娃等，让宝宝了解一一对应，什么样的玩具住什么样的房子，而且照片就是最好的地址。妈妈要当检查员，监督宝宝是不是把玩具都送回"家"了，查看有没有因为宝宝收拾整理的时间有限，错放了玩具，让找不到"家"和"走错门"的玩具，找到自己的"家"。

宝宝不敢玩积木怎么办？

一桶积木给她玩，引导她玩了几次后，她就不大愿意再玩了。问她，她总说："我盖房子会倒，所以不能玩"。原来是她不能每块积木都搭的很准，所以盖一盖就会倒。虽然我也一直鼓励和引导她把积木放正一点就不易倒，或者倒了也没关系可以再盖，不过她还是不大愿意去尝试。

搭建积木是培养宝宝精细动作能力的发展，期间宝宝的注意力高度集中，他们胳膊的小肌肉群得到了充分的锻炼。当他们小心翼翼地保持积木的平衡时，他们的手眼协调能力也得到了提高。儿童对环境的认知来自于他们在创作过程中，对积木的形状及空间的掌握；而另一方面，也由于空间是儿童最初感官的体认，因此达成空间概念的形塑，有益于视觉空间智能开发。宝宝在玩积木过程中，也能让宝宝从小学习如何操作大小、形状不同的积木，同时培养其对艺术、科学和数学以及空间设计、建筑形构的初步了解。

父母亲陪同孩子一同游戏积木，更可让儿童从玩积木中悟出许多人生的哲理："人生就像搭积木，有成功，也有失败，甚至失败的概率比成功的概率还要高些，但是人却不能放弃努力，才有机会成功。"虽然宝宝在搭建几次后不愿意再搭建，证明家长的参与不够及时，没有帮助宝宝建立自信心，没有告诉宝宝或者示范如何才能把积木垒高，在垒高过程中怎么做积木才能不倒。这些问题如果在宝宝第一次垒高倒塌时，父母亲马上介入宝宝会喜欢尝试垒高积木的瞬间倒塌带来的搭建游戏乐趣。宝宝渴望父母能够参与她的游戏，父母却希望宝宝能够独立游戏，在这种矛盾中，父母只是一味地强调鼓励孩子去游戏是不行的，要参与宝宝的游戏，介入宝宝们的搭建世界。

174 宝宝注意力不集中怎么办？

宝宝33个月，我发现他对一件事物的注意力时间较同龄宝宝时间短，如何改进？

观察力和注意力是感知事物的能力，是智力结构的窗口。家长能够及时发现宝宝的这一问题，说明这位家长对于自己的宝宝的智力开发还是很关注的。宝宝的注意力不集中，首先要考虑一下我们在家里为宝宝提供的玩具种类是不是太多（每次两种以上），玩具过多容易使孩子的注意力分散，宝宝每次玩的玩具是否自己收回，还是家长收。在宝宝对玩具的兴趣减退的时候，家长是否引导宝宝开发玩具的新玩法，或是增加玩具游戏的难度，鼓励宝宝尝试新玩法。

1. 给宝宝的玩具单一化。排除玩具多的干扰，引导宝宝在一定的时间内玩一件玩具。家长引导宝宝做一物多玩，开发玩具的多种用途，鼓励宝宝尝试新的玩法，提高宝宝注意的广度，从而使宝宝的注意力时间得到延长。

2. 鼓励宝宝完成一件事。从简单的一件事开始，逐渐增加到几件，引导宝宝在较短时间完成。如：把一本大书放到书柜里，再放一本小的书在大书的上面；过渡到把大书放在下面，小书放到上面整理好，一起放到书柜里。

3. 带着问题去做事。提示宝宝注意游戏中的一个到多个问题。如：爷爷讲的故事里有什么小动物？某小动物说了什么？爸爸是怎么把半圆形的积木搭上去的，为什么用红色的，不要和下面一样颜色的？……

175 宝宝吃手怎么办?

宝宝33个月,从小到现在,宝宝没有用过安抚奶嘴,他喜欢把他的右手当做喜爱的东西吃,现在右手大拇指的皮都硬了,破了,我不知道怎么办?有的时候宝宝一遇到爱玩的东西,我就转移他的注意力,他就能控制一段时间不吃手,现在随着年龄的长大好多了,怎样能彻底改掉他的偶尔吃手的毛病,请您帮助想想办法?

吃手是宝宝口唇期的需要,也是自我心理满足的一种。家长能够利用转移注意力的方法短时分散宝宝吃手现象,这一点值得表扬。宝宝的手指印记结茧,在没有自己喜欢做的事情的时候,结茧部位就会有不适应的症状,宝宝有把手指放到嘴里用唾液把硬茧润湿缓解手部不适的经验,所以在宝宝无事可做的时候,宝宝就会很自然地把手指放到嘴里。

1. 注意力转移法:家长把宝宝的一日生活安排得丰富多彩一些,让宝宝在不停的游戏中找到自己想做的事,减少宝宝消极等待的时间,在有事可做的情况下,宝宝就会淡忘自己吃手的习惯。
2. 鼓励宝宝自己能做的事情自己做,引导宝宝帮家人做些力所能及的事情。
3. 到医院处理一下手上的硬茧,告诉宝宝手指不能放到嘴里了,受伤了,放嘴里该生病了。
4. 口腔医院有针对吃手现象特制的"护指指套",对吃手现象严重的宝宝比较适用。

176. 宝宝不愿意自己动手怎么办？

宝宝27个月，任何事情都要家长帮忙，干什么事情自己都不愿意动手。从起床、穿衣服开始，自己不穿衣服坐在那里等着，非得在家长的帮助下才能完成。吃饭也是坐着一动不动，必须家长喂才肯吃，就连入厕提裤子的小事都需要帮忙。

宝宝自理能力差，任何小事都要依赖家长，这个现象是我们生活中比较常见的现象。因为从宝宝出生，吃喝拉撒睡统统得到了身边所有家人无微不至的疼爱。这种持续不断的包办代替已经给宝宝形成了固有的生活模式，家长的双手代替了宝宝的双手。当宝宝把家长对任何小事的帮忙都视为理所应当，长此以往就逐渐形成了依赖的行为。随着宝宝的长大，自理能力差的现象就明显地呈现出来。

1. 提供机会、尽情体验。任何能力都是在体验的过程中得到发展的。因此要为宝宝创造各种机会，并激发宝宝参与的兴趣，让宝宝早早地参与到自己个人事务的处理过程中，才能发展他们的个人事务自理能力，养成自理的习惯。比如：玩完玩具引导宝宝一起收拾；吃饭让宝宝自己尝试用勺；自己体验剥香蕉、橘子皮等。家长要给宝宝提供自己操作的机会，宝宝才能够在不断的体验尝试中，发展自理能力。

2. 由易到难、积少成多。对于宝宝来说要一下子学会自己的事情自己做，并不是一件容易的事。爸爸妈妈可以让宝宝从易到难，慢慢学习逐步增多。比如：先学习怎样用勺自己吃饭；慢慢再培养不撒饭粒；让宝宝学习自己端饭、自己添饭；最后学习使用筷子。不论是哪种生活技能都让宝宝从易到难，逐步积少成多。

3. 耐心等待、氛围宽松。当宝宝独立做事情的时候，爸爸妈妈不要要求宝宝一次就能够做好。当家长要求过高时，宝宝往往会失去自己尝试的兴趣和自信。因此当宝宝尝试的时候，爸爸妈妈鼓励宝宝，给宝宝营造一个宽松的氛围，当宝宝遇到困难时要安慰他并适时地给宝宝提供一点帮助。当宝宝成功或进步时，要鼓励他，让宝宝建立自信。要给宝宝充足的时间进行操作，如果需要赶时间，就要在原有的时间量上提前。

177 怎样避免娇惯宝宝？

现在的小朋友因父母及老人都视如掌上明珠，要风得风，要雨得雨，一旦有一个东西没有得到或是没有顺心立即大哭不止，我很关心引导小孩情绪发育的正确方法，我家宝宝33个月了，怎样避免娇惯孩子？

现在这个社会，家庭中普遍存在这样一个现象，就是家里的宝宝受不了一点委屈，或惊吓，如果宝宝对家人不满，往往也会号啕大哭，泪如雨下。当然宝宝哭的原因也有很多，有的是因为生病，身体不舒服；有的是因为遇到委屈或挫折；希望引起别人的注意；还有的是因为别人没有满足自己的要求，以此作为要挟等。总之宝宝哭是在宣泄自己不满情绪的一种途径。

当宝宝大哭发脾气时，家长需要做的就是给他递纸巾、手绢擦眼泪，直到他不想哭了为止。然后轻轻地对他说："我知道你是怎么想的。"这时宝宝接受了他的情感，心里好过了，就会停止哭泣。理解幼儿不用恐吓、强制方式，尽量用充满爱的慈祥的目光注视着宝宝，一边和宝宝交流，这样宝宝与成人的信赖关系会建立，宝宝的心一定会向成人敞开的。针对宝宝遇到不顺心就大哭还可以用以下方法。

1. 适当哭一哭，给孩子一个不影响他人的空间，让宝宝尽情发泄。
2. 转移注意力，用新奇的事物吸引、转移宝宝的注意力。如一个好听的故事，一个小玩具的新玩法等。
3. 帮助别人做些事，当一个人知道有人需要自己时，内心会感到愉快。
4. 听他（她）哭诉，告诉宝宝只有不哭，才能听清他说的话。
5. 用积极的话适当的暗示，如"宝宝喝点水就不哭了"或讲个"红眼睛的小白兔的故事"。

178 怎样解决宝宝自私的问题？

宝宝27个月。现在有"私有"意识，当时我们带他外出玩，遇到其他宝宝，人家想要他手中的玩具或吃的，他小手就会紧张地向后缩。有一次朋友的孩子想玩他的玩具，他竟然把玩具全部都藏起来，而且用哭闹来阻止别的小朋友玩他的玩具，以避免玩具被他人分享。但他跟些认识的相熟的人是很大方的。我们试图让他知道：分享是必需的，更重要的作用是，让他从中体会"大家的"和"自己的"的概念，而不是"我的是我的，你的也是我的"。我不知道是哪儿出了差错，弄成这样的局面，很困惑。

与人分享、谦让礼貌自古以来就是中国人的美德。现在的家庭中一切以孩子为中心的较多。独生子女家庭缺乏与同伴交往，是造成孩子"霸道"、不会分享的根源。文中家长提到的让孩子体会、知道什么是"大家的"、什么是"自己的"。让宝宝了解分清楚对于这个年龄段来讲不适宜。婴幼儿处于自我为中心阶段。"自我中心"的概念是由著名儿童心理学家皮亚杰提出来的，是指儿童不能把自己的思想和他人的思想区分开来，把一切都看作与自己有关，只能以自己的观点看事物。但是，儿童的"自我中心"绝没有自私或自高自大的意思。孩子从"自我中心"向"脱自我中心"的发展是儿童的社会化发展的必经之路。

第一，在日常生活中，要让孩子学会感恩和感谢，学会把自己喜欢的东西拿出来与家人共享。第二，多与同伴交往，学会分享。应该多创造机会让孩子与其他小朋友一起玩，让孩子在与同伴游戏交往中变得大方得体，学会与人交往的技巧，养成孩子关爱他人、谦让友好的行为习惯。第三，鼓励孩子与人分享。当孩子表现出与他人分享的行为时，家长就应该及时鼓励表扬，让孩子感受分享的快乐，让孩子看到家长的肯定。

179 宝宝总是坐不住怎么办？

宝宝2岁8个月了，只要眼睛睁着就一刻也停不下来，屋里的东西没有他不动的，只要他能摸着的地方全都要尝试，柜子也要打开，把里面的衣服全都倒腾出来，闸盒、插座他也要摸一摸，当制止他时，他总会冲你笑；告诉他很危险不能动，虽然点点头下次他还会去摸；做什么事情一会儿就跑开，坐不住。

2岁8个月的宝宝好动、对新鲜的事物很感兴趣，乐于探究身边事物，这都是他们较为鲜明的年龄特点。而他们感受外界事物最敏感的方式便是触觉，因为他们的心理活动具有明显的直觉行动性。也就是说，宝宝不会先去判断事情是不是应该做，哪些事情有危险而不去做，而是在行动中进行思考和判断。往往在宝宝当前能够看到的、能够触碰到的事物都会控制不住地去动一动、碰一碰。另外由于宝宝这个年龄的注意力时间非常短暂，也会导致宝宝好动，做事情坚持时间不长。

1. 寻找宝宝感兴趣的事情。宝宝一睁眼就一刻不停地摸摸动动，虽然这是宝宝的年龄特点，但是同样也因为宝宝没有事情可做，产生的无目的的行为。因此家长可以有目的地寻找宝宝感兴趣的玩具或游戏，并根据宝宝的兴趣提供多种玩具材料供宝宝选择，宝宝的注意力就会转移到感兴趣的事情当中，从而忽略对其他东西的触碰。

2. 陪伴宝宝一起游戏。宝宝由于自身经验的缺乏，对游戏和玩具没有办法假设情境游戏或创造多种有意思的玩法，因此持续时间非常短暂。在家长的陪伴游戏下，游戏内容增多，游戏情境增强，自然就增加游戏本身的乐趣,增加宝宝对游戏的创新意识,同时增加温馨的亲子关系。

3. 坚持完整地做一件小事。要想培养宝宝的坚持性,家长可以从一件完整的小事做起。比如:和宝宝一起画画,不要中途制造干扰或打断宝宝的任何事情,如送水喝啊、喂点水果吃啊,和宝宝聊一些跟当下事情无关的话题啊,等等。因为任何的干扰都能够分散宝宝的注意力,从而打断宝宝当时所从事的事情。家长要引导宝宝从画什么、怎样涂色等相关话题上对宝宝进行引导。画完后同宝宝一起收拾使用的物品,并对宝宝进行肯定和鼓励。这样有始有终地完整地做好一件小事,做事情玩游戏的时间由短逐步到长,相信宝宝逐渐就会增加做事情的兴趣和坚持性。

180 宝宝不愿意进亲子班怎么办？

我的烦恼

宝宝29个月，每次来到幼儿园参加亲子课，刚走到教室门口，就想往回走，在爷爷、奶奶的引导下能暂时控制情绪，但表示不愿意脱外套，不愿进亲子教室。爷爷、奶奶会利用他喜欢喝的饮料和山楂将其带入教室。当提出让他脱掉衣服时，他就开始哭闹，要求离开。活动开始了也不愿意参加，如果老师主动过来与他交谈、做游戏，他会转头不理或说"你走"。

为您点拨

不合群的宝宝可以分为两大类：一类表现为沉默寡言、孤僻、害怕陌生的人；另一类表现为爱哭闹、爱捣乱、爱逞能、爱惹是生非。也有很多宝宝由于家长长期娇生惯养或放纵不管，使孩子（特别是有些独生子女）非常任性，喜欢独来独往，很少想到别人。这样的孩子以后很难与人合作，因而也很难适应集体，出门就胆小，不愿意和其他人交往。

为您支招

1. 在家庭氛围中体验互相关爱感受。要培养孩子合群，家长首先要以身作则，为孩子创造一个良好的家庭环境。这主要表现在全家人和睦相处上，大人关心小孩，子女关心长辈，切忌以孩子为中心，处处围着孩子转，让孩子凌驾于父母之上。同时，家长也要尊重孩子，切忌随意训斥、打骂，要让孩子在互敬互爱的家庭气氛中形成合群的性格。

2. 分析原因，正面教育。首先，要让孩子面对恐惧，当孩子感到害怕时，家长要多加鼓励。要明确孩子怕什么，针对孩子所怕的事物进行科学的解释和适当的安慰。家长平时也要有意识地从正面对孩子进行勇敢教育，可以多创造让孩子与外界接触的机会，鼓励孩子大胆和外人交流或是适应陌生环境，当孩子表现积极或有进步时，要及时给予肯定，循序渐地帮助孩子克服对外界的恐慌心理。

  3. 忽视恐惧，勇敢面对。当孩子表现出胆小时，做家长的不必过分关注他，甚至可以有意识忽视他的这种情绪。可以让孩子去试着摸一摸他害怕的物体或家长亲自摸一摸，恐惧心理会自然消失。上文中的宝宝则可以每次提前多点时间来到亲子班，熟悉熟悉环境，再和老师玩一会儿，等其他宝宝来了，再一起游戏。

181 宝宝上亲子课时不敢活动怎么办?

我的烦恼

宝宝26个月,在亲子活动中表现很羞怯,不敢当众回答问题或做游戏。如老师问宝宝的名字,宝宝把脸使劲往妈妈怀里拱;领取玩具时,宝宝总是默默站在老师身后等着,不主动索要。

为您点拨

从宝宝的角度讲,缺乏自信源于对环境和人的陌生,有些宝宝行为谨慎,很少轻易去尝试和探索,习惯先观察别人的行为,然后自己再试探着采取行动。从家长的角度讲,宝宝的胆怯是由于家长包办代替的度没有把握好,面对新事物时,家长怕宝宝受到伤害或怕宝宝做不好,便帮助甚至代替宝宝完成,宝宝失去动手操作的机会,久而久之宝宝会认为自己做不好,而不敢去做、去尝试。

为您支招

1. 家长要多给宝宝提供集体活动的机会,在受到同伴感染中,鼓励宝宝主动多与其他小朋友接触交流,体验与同伴活动游戏的快乐。

2. 家长多放手,培养宝宝自信。宝宝的自信是在成人鼓励和赏识中日益增强的。所以家长要多给宝宝提供自己动手的机会,即使没有达到成人的要求,家长也要给予适当的鼓励,帮助宝宝敢于面对困难和挫折,树立信心。

3. 请宝宝帮忙。在家里有些事情可以请求宝宝的帮助。比如,请宝宝帮忙把家人的衣服分类放到柜子里,请宝宝帮忙给大家分筷子等。在朋友聚会、做客时,鼓励宝宝做些力所能及的事,如:分水果、拿餐巾纸、和同伴分享玩具等。让宝宝觉得自己很能干,从而提升自信。

4. 家长的鼓励和赞赏要有针对性和具体性,切忌盲目、笼统、无原则的夸奖。

182. 宝宝上亲子班不跟着学习怎么办?

我的烦恼

宝宝35个月。随着儿子年龄的增长,他逐渐形成了自己特有的一些思想,由原来的好说话变成了现在因为一些小事就要说很多话才能停,越不让做的事情他偏要做,难道这是所谓的逆反心理?这提前的未免也太早了吧。现在儿子正在上亲子班,老师在教东西的时候,别的小朋友都跟着做,他却在一边坐着,让他学他就是不听,要反复说好几遍或者以改变思路的方法开导一会儿才能跟着学。我很担心上幼儿园会不会让老师批评。1岁的时候曾经考虑过带他上亲子班,但考虑到孩子太小了,也不会学到什么东西,就一直拖着没上,是不是现在上有点晚了?

为您点拨

针对这位家长的困惑,我感觉家长缺乏良好的引导,为什么以前就能听话,现在就不听了呢?家长要找原因。其实家长看到宝宝没有跟着集体做游戏,就武断地判断孩子不听话,这是不对的。

为您支招

孩子在教师的引导下,可能暂时不跟教师学做动作,但是也许他已经偷偷地学会了。孩子在学习过程中,以具体形象思维为主,但是宝宝可能被其他的新环境所吸引,或者喜欢教室里的某一个玩具,还没有从游戏中解脱出来,还想继续玩自己的游戏。这些原因都可能导致宝宝没有积极参加集体游戏。

宝宝什么时间上亲子班是适宜时间要看家庭情况。如果是大家庭住在一起,晚些上亲子班也没有关系。但是这样的家庭在现在的生活中已经不多见了。一般孩子在18个月的时候就可以上亲子班了。有的宝宝换了环境就认生,孩子在8—12个月达到认生高峰,这位宝宝35个月对于环境的适应已经能够自我调节,已经具备与他人交往的条件。家长要多带宝宝走进大自然,外出晒晒太阳,让孩子认为生活很美好。至于担心上幼儿园会被老师说,这个问题很正常。宝宝从家庭生活到集体生活是有一个过渡,需要时间来适应。老师要教会宝宝一些规则,确实免不了会常常提醒宝宝的。

183 宝宝为什么从幼儿园回家后不高兴？

女儿上幼儿园的第一周既不哭也不闹，第二周、第三周情绪就开始起了变化，回到家不再像个小麻雀似的唧唧喳喳说个不停，而是很沉默，总是抱着一本书在看，对别的好像都不那么感兴趣。女儿这是怎么了？是不是在幼儿园受了什么委屈？

对刚入园的宝宝来说，幼儿园的一切都是陌生的，环境、老师、同伴、游戏、学习等，她都面临着重新认识和调节自我的任务，这其中的任何一个小环节和小事件都有可能让孩子有挫折感，而且她还未必能说清楚引起这种感觉的挫折事件，家长越是着急问，她还越是纳闷说不出。所以，家长不要直接问宝宝遇到什么不开心的事。

家长可以问宝宝遇到什么开心的事了，还问问他在幼儿园都玩什么了，跟谁玩的，怎么玩的，看看能够从中了解孩子遇到了什么具体困难，然后有针对性地帮孩子解决。另一方面，与幼儿园老师的沟通很重要。听听老师怎么说宝宝在幼儿园的表现，与老师一起分析孩子的原因，请老师提供机会鼓励孩子自信。还有一个办法家长也可以尝试一下，把宝宝在家喜欢的玩具拿到幼儿园与小朋友一起分享，因为她对这个玩具的操作和玩法是最熟练的，当她演示给别人的时候，会涌起自豪感和愉悦感。

184 如何引导宝宝正确对待失败？

我的烦恼

宝宝34个月，玩玩具一两次，玩不好，就会把玩具扔得老远或摔打，或者打旁边的大人一下以发泄愤怒，每次这样的时候，大人都会安慰说"宝宝还小，多练习就会好"或者"做事要有耐心，一次不成就再来一次"等都没有什么效果，不知道如何正确引导宝宝对待失败。

为您点拨

两岁宝宝的烦恼在成人看来不是问题，对于宝宝来说无论当时怎样，他不能使自己的内心平静下来，为了使自己情绪得到发泄，就把脾气发泄到玩具或周围人身上。精神分析学派的奠基人弗洛伊德充分肯定了情绪对维持心态平衡的作用，宣泄可以减轻精神上的负担。一件玩具对于宝宝来说有着巨大的吸引力，但是由于宝宝的年龄特点导致宝宝的认识水平和操作能力有限，在新玩具的玩法上，宝宝还不能像成人一样直接尝试开发玩具的玩法，由于宝宝脾气比较急，用摔玩具、向自己最熟悉的人发脾气来宣泄不良情绪。

为您支招

先教宝宝玩具的玩法，再给宝宝玩具玩儿。对于脾气急躁的宝宝，新的玩具买回家，先带着宝宝看着大人摆弄玩具，然后再让宝宝模仿摆弄玩具。当宝宝没有掌握玩具的方法时，要辅助教宝宝学会一种玩法。宝宝学会一种游戏方法会有一个反复操作熟悉的过程。当孩子对这玩法不感兴趣的时候，应该引导宝宝尝试玩具的其他的玩法，宝宝掌握了两种以上的玩法后，他也会尝试摸索玩具的新的玩法，宝宝的游戏过程需要家人关注。在孩子需要帮助或提示的地方，家人能够给予及时的帮助，宝宝自己的想法得到支持和满足，就不会因为玩玩具而发脾气了。

185 物质奖励的方法对宝宝是否适用？

宝宝33个月，他会有各种各样的小毛病，或者不听话的情况，在使用语言教育没有效果的情况下，会许诺给孩子玩具、新衣服、新书等物质性的奖励，现阶段下，感觉比较有效，但不知道是否会造成孩子过分唯"物"心理，对宝宝以后的发展不利。

物质奖励是短时间内奏效比较快的一种方法，家长适当运用奖励的手段引导宝宝进步是符合教育原则的。尤其是家长在无计可施的时候就会用这一招，可以起到立竿见影的效果。时间长了宝宝对礼物的热情减弱了，这一招就不大灵了。怎样奖励才能帮助宝宝真正发扬自己的优点，改正不足。我们提倡对宝宝多鼓励、少惩罚，外加适度的奖励。但这些方法运用要适时适度。

对宝宝的奖励方法多种多样，精神奖励与物质奖励同样可以起到激励的作用，但精神奖励的作用会更加持久；物质满足易达到，但这种动机不会维持太久。因此我们提倡以精神奖励为主。家长的一句中肯的表扬，一个深深的拥抱对于宝宝来说都是很好的精神奖励，还可以带宝宝去动物园或游乐场，送宝宝一张小贴画，满足宝宝的精神需要。但是如果宝宝不听话，或是犯错误的时候，我们要先解决宝宝的问题，在强化宝宝的正确行为的时候再用奖励的方法。另外，对宝宝的表扬和奖励不要过于频繁，要让宝宝懂得珍惜别人给予的奖励。对于不同性格的宝宝采用不同的奖励方法，对于胆子小、能力稍差的宝宝要多表扬、肯定，提高宝宝的自信心；对于容易骄傲的宝宝，对他们的奖励要适当、要节制。在表扬与奖励宝宝进步的同时，指出其努力的方向，树立新的目标，对宝宝以后的发展有积极影响。

186　宝宝太恋物怎么办？

我的烦恼

宝宝32个月，无论什么时候总会拿着他带的手绢，吃饭、玩玩具、睡觉，好像手绢就是他的奶奶一样，吃饭时，不能自己拿勺子；玩玩具时一手拿手绢，一手拿玩具，玩具只能举着，不能拼插或操作；睡觉时要一刻不停地拿着手绢，如果一觉醒来不见了手绢，就会大哭大喊，直到找到手绢为止。

为您点拨

宝宝离不开他的手绢，说明宝宝的恋物情节比较严重，有的宝宝源于自己对某种味道的偏好，有的宝宝缺乏安全感，有的宝宝甚至认为这个手绢就像自己身上的一部分，时刻都不能少。宝宝一只手拿着手绢，势必影响自己独立进餐或做事。在宝宝需要帮助的时候，家长一定会立即出现，因为家长在宝宝一举手、一投足的时候立即能判断出宝宝的需要，能及时给予宝宝所需要的帮助。由此产生的矛盾，宝宝意识到只要手绢在手，家长一定会满足宝宝的要求。家长就怕宝宝的哭闹，所以练就了如此"高"的理解领悟能力，宝宝当然就更离不开他的手绢了。

为您支招

1. 手绢大变身。在宝宝睡觉的时候将手绢逐渐变成小块，从大手绢，慢慢变成可以放到口袋里的小手绢。

2. 将手绢系在手腕上。尝试着将手绢系在手腕上，让宝宝时时可以看见，解放双手，满足宝宝心理需要。

3. 创造更多的动手游戏机会。利用多种玩具，为宝宝提供双手游戏的机会，如拧螺丝、搬东西等，让宝宝体会自己动手游戏的快乐。

4. 自己的事情自己做。鼓励宝宝自己的事情自己做，对宝宝的进步及时给予肯定与表扬。让宝宝在收获表扬的同时体会到动手游戏的成功感与满足感。宝宝离开手绢的过程会在家长的精心设计中，从手上变到手腕上，再到口袋里，再到书包里，这个过程的长短，因人而异，要遵循循序渐近的原则，给宝宝一个进步的机会。

187 宝宝会不会有恋物情结?

儿子3岁了，非常喜欢小车，每天自己玩得不亦乐乎，早晚接送上幼儿园还要带去。这段时间发现他经常要大人帮他拿着车，就算车子放在桌面上或眼前，他也说看不见，拿不到，一定要放到他的手上才行，不然便大哭，晚上睡觉都揽在手上，中间一醒便又要。这是怎么回事呢？

每个宝宝在成长过程中都会有不同的恋物倾向，而且所恋之物异彩纷呈，您的宝宝恋汽车，有的宝宝恋其他玩具，还有的宝宝恋一块布或者毛巾，有的宝宝恋家长的一件物品；不管宝宝恋什么，他都从中获得了安全感和快乐，这就像我们成人形成的一些特殊爱好一样，从中体验了满足感，所以家长要满足宝宝的这个心理需求。

家长可以利用宝宝的恋物倾向进行一系列的教育和潜能开发。例如您的宝宝热恋汽车，您就抓住机会让宝宝识别各种不同的汽车实物、汽车模型或者汽车图片，培养宝宝的观察力；还可以为宝宝示范一些描述汽车的优美词句，像奔跑、飞驰、线条流畅、车水马龙、川流不息等，发展宝宝的语言理解与表达水平；利用汽车道具玩户外游戏，锻炼宝宝的体能；把小汽车迷召集在一起，组成宝宝汽车发烧友俱乐部，宝宝在与同伴的交流与分享中学习与人交往的技能；准备足够的纸张和颜料，为宝宝提供宽敞的涂鸦空间，充分支持宝宝的绘画发展。总之，宝宝爱汽车可以帮助家长找到很多教育契机与灵感，如此丰富和拓展宝宝的恋物情结，他的收益一定很大哦！

儿子迷上奥特曼怎么办？

我儿子今年2岁8个月，最近他迷上了奥特曼，天天把自己当成奥特曼，要我和他爸爸装成怪兽和他玩游戏，而且天天要求看，不答应他，他就又哭又闹，我担心看这个会对他不好，可是又不知道该怎么办？

很多宝宝都会在童年时代成为某一偶像的忠实"粉丝"，尤其是动画片中的虚拟偶像，他无所不能、神通广大，几乎让宝宝崇拜得五体投地。敏感的家长担心这样对宝宝有不良影响，确实如此，过分沉迷于虚拟偶像会减少宝宝对现实世界的关注与学习，家长需要帮助他增强对现实生活的热爱与理解。

现在独生子女家庭，很多父母都很忙，亲子游戏和交流的时间少，因此宝宝与电视交流的时间就多了，奥特曼之类的偶像就占据了宝宝的心灵，而且好战好勇的奥特曼会让宝宝"动"起来，这对总在家坐着看电视的宝宝也是一个刺激，所以家长带宝宝多游戏、多运动才能满足宝宝的正常心理需求。特别提醒家长不要立即割断宝宝与偶像之间的关系，这会让他产生孤独感和挫败感，家长暂时顺应与他玩奥特曼游戏，渐渐地您给宝宝投入的时间和精力多了，宝宝就会走出盲目崇拜的误区，逐渐对真实世界关注和友好起来。

189 宝宝开始骗人了怎么办?

宝宝33个月,有时为了吃东西,会采取骗人的方式,妈妈有时还会被宝宝的谎言骗得大笑起来。起初,妈妈认为小孩为了吃点东西撒个谎没什么大不了,宝宝并不是有意的。后来,妈妈发现宝宝竟然在很多事情上也经常撒谎,非常着急,怎样才能遏制住宝宝撒谎的势头呢?

两岁多的宝宝,创造力正处于高速发展阶段,他们会认为一切事物都有生命,还不能够理解说谎话和说真话的概念,他们会根据成人的态度和反应来判断自己言行的正确与否。如果宝宝的谎言,在没有得到家长正确有效制止的同时,还得到家长以笑回应的默认,那么宝宝得到的信息就是可以继续说谎。由于宝宝的年龄特点和发展阶段决定了宝宝有时会说一些违反常理的话,家长一定要辨别清楚,给予宝宝及时、正面的引导。

1. 与宝宝建立互信。家长及抚养人要用自己的言行给宝宝树立诚信,信守诺言,承诺就要去做,如果做不到,一定要道歉。

2. 鼓励宝宝说实话。鼓励宝宝把自己的需要和想法大胆地说出来,家长给予支持与引导。特别是当宝宝做错事而说了实话时,一定要及时给予表扬和赞赏。

3. 正面引导。当发现宝宝有说谎情况时,家长要调整策略,给予积极正面的引导,不当众纠错。

4. 尊重宝宝人格。宝宝的谎言有时是天真的、无意的,成人不能一概而论,更不能语出伤人,平静温和的态度和强调事实比道德评价要有效。

190 宝宝喜欢到处乱画怎么办？

我的烦恼

宝宝31个月，在家里总是拿笔画画，按说这挺好的。但让我头疼的是：他不论什么地方都乱画，家里床单上、沙发上、墙上到处都是他画的画。怎么说也不管用，给他准备了纸，告诉他要画在纸上。他好像诚心与你作对，一不注意又画在了别处，而且画得很高兴的样子，我该如何引导孩子呢？

为您点拨

当孩子发展到第三年的末期，他们已经有能力将之前获得的技能和信息结合起来，用于"完结活动"，如一幅画或一个积木搭建的房子。幼儿在两岁时开始产生模糊的自我意识，他们开始意识到自我的力量，此时他们乐于用自己的力量来挑战成人的权威。

为您支招

当孩子犯错误时，家长可以用剥夺孩子需要，如禁止与主要的家庭成员接近（这是这一阶段幼儿的普遍需要）的方式来管束孩子。在父母制止孩子的错误行为无效时，可以在自己的房间门口竖一个"栅栏"，等到孩子开始抱怨时，告诉他"如果继续错误，就再用栅栏"。几次之后，"栅栏"这个词就会对孩子有了特殊意义。要让孩子明白，无论父母多么爱他，父母都具有最终的权威。

给宝宝创设画画空间，可以在家里为宝宝创设画画空间，如创设画画室或者划分出一块空间布置成画画小天地。给宝宝提供一些面积大一些的纸张与旧的白色背心等材料，供宝宝画画，满足宝宝画画的需要，让宝宝在自己快乐的小天地里能放松自由地画画。给宝宝提供表现的机会，将宝宝的画在"家庭画廊"中展出，邀请客人来看，能激发幼儿的成就感。（为孩子的兴趣提供发展空间。为孩子准备充足的绘画材料及空间，让孩子在"适当的空间"里自由地画画，并且为孩子提供表现的机会，满足孩子的成就感，促进孩子兴趣的发展）。

191 怎样预防宝宝的危险活动？

宝宝27个月，非常好动，很让家长头疼。宝宝经常攀爬、跳跃，家长为此整天担惊受怕，怕宝宝出现危险。作为家长应该如何引导宝宝，预防他出现太多的危险活动？

宝宝的好动其实是在好奇心驱使下的一种探索活动，在探索活动中可以提高宝宝的认知能力。婴幼儿早期认知活动主要建立在感知和运动的基础上，而早期对周围环境的认识和适应是宝宝智力发展的源泉。宝宝大肢体运动能力处于发展初期，他们会通过各种方式去体验运动带来的新奇，如跑动、攀爬、双脚跳跃、独立上下楼梯等。

对于宝宝一般性的探索行为，家长要给予积极鼓励和支持，在做好安全防护的前提下，引导宝宝大胆去尝试、探索，增强宝宝的自信心和胆量，也可以锻炼宝宝大肢体动作的协调性、灵敏性和运动力量。当宝宝的行为具有危险性时，如从高处向下跳跃、向上攀登等，家长一定要监护好宝宝的安全，活动过程中给予必要的自我保护技巧的提示和指导，帮助宝宝学会保护自己，指导宝宝尝试怎样做是安全的，并告知宝宝不要单独进行这样的活动，一定要有家长的陪护才可以进行。如果宝宝不理解，家长一定要通过有趣的游戏互动反复强化，也可以尝试用布娃娃进行演示，帮助宝宝直观了解危险行为给身体带来的伤害。

192 宝宝模仿老师的样子怎么办？

有时候女儿会在家里对玩具好像重复幼儿园老师的说，例如"你不许出声啊"之类的。这种情况对她的成长有影响吗？

上了幼儿园的宝宝多多少少都会出现一些"小老师行为"，宝宝崇拜老师的权威，喜欢模仿老师的言行，学老师的样子下命令、提要求、表扬或批评人、维持纪律等，这说明宝宝在练习和内化老师传达的集体行为规则，同时还获得了假装老师的快乐，这是宝宝迈向社会的学习方式。但宝宝的特点是只知道用规则要求别人，不会用规则自我要求，因为他内化学习的水平还比较低，所以家长要为他提供帮助。

当宝宝模仿老师的时候，家长就配合做学生，给宝宝复习规则的机会，并表扬宝宝是个"好老师"；然后再反过来，家长模仿老师，宝宝配合当学生，让宝宝领悟规则应该共同遵守，并表扬宝宝是个"好学生"。如果宝宝既学习当老师，又学习当学生，他就能从不同角度理解规则的含义，并明白双方相互配合才能共享快乐。宝宝从上幼儿园到小学低年级，一直都会对假扮老师的游戏很感兴趣，不少宝宝的第一个人生理想就是当老师，如果家长善于引导，很多教育内容都可以渗透到这个游戏之中。

193 如何指导宝宝学习？

宝宝33个月，从小培养宝宝对学习的兴趣，是我们家长非常关注的。可单纯地教识字、数数比较枯燥无味，宝宝没兴趣；把它融入生活中，如走路数台阶等，宝宝又会被其他事物吸引。作为家长，我们想教，又怕增加宝宝心理负担，不教，又怕宝宝贪玩不爱学习。为此，很是矛盾。

不少家长由于对科学的早期教育认识不到位，或出于自己的理解和期望，给宝宝灌输各种生硬的知识，忽略了婴幼儿时期的身心发展特点。婴幼儿时期的教育方法要符合宝宝的年龄特点、兴趣发展特点、具体形象思维特点以及动手操作能力特点等。切勿死记硬背、强行灌输，片面追求效果，而忽视了宝宝的心理需要和接受水平，这样容易造成宝宝厌学的状况。要促进宝宝全面健康快乐发展，应从注重培养宝宝良好的养成习惯和个性品质入手。

早期家庭教育，家长要量力而行、循序渐进。了解宝宝的心理、生理特点，采取宝宝适宜接受的内容和方法。年龄越小的宝宝，有意注意的时间越短，家长应遵循宝宝的兴趣，在有限的时间内抓住宝宝的兴趣点，借机施教，拓展宝宝的思维，丰富宝宝的认知，并伴随着鼓励与赏识。

1. 参与早教活动。在早教集体活动中，可以促进宝宝社会性发展，增强宝宝自信心，提高多种能力。同时，家长也可以获得科学、具体的、有针对性的早教指导。

2. 多和宝宝做游戏。爱玩是宝宝的天性，家长可以选择适宜的、有趣的亲子游戏和宝宝玩耍，在玩耍过程中不但可以提高宝宝的认知能力，还可以增进亲子情感，寓教于乐。

3. 家庭游戏天地。每天有规律地生活、游戏、学习，是培养宝宝良好习惯的有效途径。把亲子游戏、早教信息、科学方法在家庭中有效实施与延伸，做到举一反三，会收到很好的学习效果。

194 怎样对智商80的宝宝进行教育？

我的宝宝2岁半时测定智力是80，我该怎么对他进行早期教育？

两岁半的宝宝已经做了智商测试，不知你选用的是什么智力量表。经中国修订、具备较好的信度和效度并且测试起点年龄是两岁宝宝的量表，应该是《中国比内测验》。该量表的智商分布显示，90—109分为中等智商，理论百分数是46.5%，80—89分为中下智商，理论百分数是14.5%。

智商水平既受先天因素的影响，也受后天环境和教育因素的影响，早期教育对于提高宝宝智商水平具有不可替代的重要意义。早期教育的关键是培养宝宝的各种感官能力，让他的眼睛多看、耳朵多听、嘴巴多说、小手多操作、小腿多运动，丰富他的亲身感受，积累较多的直接经验，这期间还锻炼宝宝的手眼协调、手脑协调以及全身感官的协调，这将为宝宝的思维发展奠定不可缺少的基础；但是宝宝以上感官的活动能力特别需要家长的带动，家长要多刺激、多鼓励、多示范、多教导。教育史上有一个著名的智力开发案例就是卡尔·威特的早期教育，讲述了一个出生时智力低下的婴儿，经过科学的早期教育，成长为一个智力卓越的人才。如果你在互联网搜索引擎中输入关键词"卡尔·威特的教育"，会有大量的信息出现，书店里也有这种专著，你不妨买来认真阅读，相信你一定受益匪浅。

195 怎样为宝宝上幼儿园做准备？

我的儿子33个月了，怎样为他上幼儿园做准备？

你的宝宝快3岁了，面临着将要上幼儿园的任务，应该培养一些适应幼儿园和集体生活的基本能力，例如生活自理能力、陌生环境适应能力、与人交流表达能力，这些能力将在幼儿园得到充分的锻炼和发展。但在入幼儿园之前，如果家长着意训练宝宝，那么宝宝适应过程中遇到的困难就少一些。

家长要改变一直追着宝宝喂饭的习惯，培养宝宝自己拿勺吃饭的能力；睡觉的时候，逐渐锻炼宝宝自己能睡着，而不是睡觉之前缠磨家长；需要大小便的时候，知道向大人发出求助信号。还要带宝宝多出去走走，较快地融入陌生环境，如果他能比较放松、自由地在陌生环境中游戏，说明宝宝很自信、很有安全感，但是足不出户的宝宝通常缺乏这些能力和状态。在人际交往方面，快3岁的宝宝已经基本明白和听懂日常生活用语，言语发展较好的宝宝也能说出许多日常生活用语，即使说话主动性不强的宝宝也能够根据情境并借助目光、眼神、表情、动作和简单的单词表达自己的情感和需求，这些基本能力使宝宝顺利地与家长、老师和同伴互动交往，促进他社会智能的发展。以上三个基本能力有了一定的基础，宝宝才有更大的空间发展自己的文化学习能力。